Gerhard Burtscher

Berührungen

Ein Vollbad für die wunde Seele

Ein original **HASENZAHN®** Lesebuch
Einzigartig, unvollkommen, liebenswert.

*Bibliografische Information der Deutschen
Nationalbibliothek:*
*Die Deutsche Nationalbibliothek verzeichnet diese
Publikation in der Deutschen Nationalbibliografie; de-
taillierte bibliografische Daten sind im Internet über
http://dnb.dnb.de abrufbar.*

*© 2016 Gerhard Burtscher (www.gerhard-burtscher.at)
Layout und Umschlaggestaltung: Gerhard Burtscher
Lektorat: Karin Burtscher*
HASENZAHN® *ist eine Marke von Gerhard Burtscher
MarkenRegNr. 241561 beim Österr. Patentamt, Wien
Herstellung und Verlag:
BoD - Books on Demand, Norderstedt
ISBN: 978-3-8370-8106-0*

Für alle,
die ein bisschen Licht in ihrem Leben
gut gebrauchen können.

Inhalt

Liebe Leserin, lieber Leser,

ich freue mich, dass wir uns heute begegnen und Sie bereit sind, ein Bad zu nehmen.

Die Geschichten, Gedichte und Miniaturen, die hier auf Sie warten, sind allesamt aus dem wahren Leben gegriffen, auch wenn ich sie teilweise mit Fantasie und Fiktion vermischen musste, um niemandem zu nahe zu treten.

Jedes Ereignis, jede der handelnden Personen, hat mich auf eine bestimmte Art berührt und Gefühle in mir ausgelöst. Sie haben mich zum Lachen gebracht, mich traurig oder nachdenklich gestimmt, oder mir Hoffnung gegeben.

Ich war schon über fünfzig Jahre alt, als mir zum ersten Mal bewusst wurde, wie vordergründig meine Wahrnehmung von all dem ist, was mich umgibt. Ich war ein auf Äußerlichkeiten fixierter Mensch, dem das Gespür für die kleinen Dinge, die Zwischentöne, das tiefer Liegende, auf dem Weg durch die Zeit abhanden gekommen ist.

Ganz im Gegensatz zum Erleben eines Kindes beeindruckten mich große Namen, große Gesten, große Worte, Geld, ehrgeizige Ziele, Macht und die Menschen, die sich damit in Szene setzten. Ich wollte ein Erwachsenenleben lang so sein wie sie.

Das wurde ich auch. Ich war erfolgreich in meinem Beruf, ich hatte Positionen inne, die mir Macht über andere Menschen gaben, ich hatte ein anständiges Einkommen, eine gute Reputation, gesellschaftliches Ansehen.

Lange habe ich geglaubt, dass ich, um ans Ziel zu kommen, meine wahre Natur verleugnen müsse. Ich baute mit Erfolg an einem Panzer, einer Fassade. Das Ergebnis war beeindruckend. Meine Außenwelt hat mich so wahrgenommen, wie ich sein wollte:

Tough, cool, immer gut drauf, immer oben.

Nur ich wusste, dass in mir ein Kind lebt, das ganz anders ist: weich, ängstlich, harmoniebedürftig, offen, neugierig und voll verrückter Ideen. Ein kleines Wesen, das ohne meinen Schutz nicht überlebensfähig wäre in dieser Welt. Davon war ich überzeugt.

Dann, älter geworden, wurde ich mehr und mehr auf mich selbst zurückgeworfen und meine Schale bekam Risse. Sie gab immer öfter den Blick frei auf mein Inneres. Ich fühlte mich verwundbar, weil man mich plötzlich sehen konnte; irgendwie nackt, wie wenn rohes Fleisch unter der Haut sichtbar wird.

Ich brauchte wohl diese Krise, diese Trennung vom Strom des geschäftigen Lebens, diesen Verlust an Einfluss, dieses Gefühl, nicht mehr gebraucht zu werden, um empfänglich zu werden für die wichtigen Dinge im Leben.

Heute weiß ich, dass diese Entwicklung nur auf einen Punkt zulief: mich noch einmal mit mir zusammen zu bringen.

Voll Staunen begegne ich dem Kind, das ich einst war, und ich freue mich über das, was ich sehe.

Gerade bin ich dabei, das Leben noch einmal neu anzupacken. So wie ich bin, ohne Fassade, ohne Zugeständnisse an den Zeitgeist oder „die Leute", wer immer das ist. Ich arbeite mit den Talenten und Fähigkeiten, die ich habe, mit den Leidenschaften, die mich antreiben, mit der Kraft, die noch da ist.

Es fühlt sich an, als wäre ich alter Knochen ein weiteres Mal geboren worden. Nichts an dem, was mich bewegt oder antreibt, fühlt sich falsch an. Nichts an meiner Neugier ist verhalten. Nichts an meinem Wollen ist reduziert. Keiner meiner Träume kennt Grenzen. Nur der Körper weiß, dass an einem geheimen Ort ein Ablaufdatum eingestanzt ist. Natürlich.

Ich hoffe, dass der eine oder andere Text auch Ihre Seele berührt und Ihr Leben bereichert, und sei es nur für einen Moment. Dass er Sie zum Lachen oder zum Weinen bringt, Sie nachdenklich macht oder Ihnen Hoffnung gibt.

Dass auch Sie sagen können: „Ich lebe!"
Genießen Sie Ihr Bad.

Gerhard Burtscher

Die meisten Namen in diesem Buch sind
frei erfunden. Ähnlichkeiten mit noch lebenden
Personen können nicht ausgeschlossen werden. Die
Erzählungen weichen von der Wahrheit gelegentlich ab.
Einige sind reine Fiktion.

Über das Wesen des Mannes

Wir waren pünktlich wie die Maurer.

Es war genau zehn Uhr dreißig, als ich mit Karin, meiner Frau, bei meinem alten Freund, dem Schmuckgroßhändler Franz Kugler in München-Giesing aufschlug und die Türglocke mit aufgeregtem Gebimmel unsere Ankunft ankündigte.

Franz war anwesend, aber noch beschäftigt.

Karin war schon voll neugieriger Erwartung, denn sie sollte heute ihre dunkle Perlenkette bekommen, die ich ihr zu Weihnachten versprochen hatte. München bot immer eine gute Gelegenheit, neben allem Geschäftlichen auch ein paar Einkäufe zu erledigen.

Franz stand kurz vor dem Eintritt in die Rente. Wenn man ihn so ansah, mit seiner Bauhöhe von fast zwei Metern, dem langen, grauen Haar, das er im Nacken zu einem Rossschwanz zusammengebunden hatte und der trendigen, intellektuell anmutenden Brille, konnte man kaum glauben, dass er die Sechzig bereits überschritten hatte.

Kein Wunder, dass die weibliche Klientel diesem brummigen Unikat schon immer verfallen war; vor allem jetzt, wo er geschieden war und frei zum erneuten Abschuss auf der Lichtung stand.

Während wir uns noch mit Berthild und Anja, seinen beiden Mitarbeiterinnen, unterhielten, stieg mir von irgendwoher der intensive Geruch eines Parfums in die Nase. Es war der Duft von „Opium" von Yves Saint Laurent, ein schwerer und süßlicher Nebel, der überall im Raum zu hängen schien.

Die Quelle dieses Duftes saß an einem Tisch zwischen der Kasse und einer der Glasvitrinen, in denen diverse Accessoires auf Käufer warteten. Es war eine sehr blonde, sehr junge Frau, der Franz offensichtlich dabei war, ein Collier zu verkaufen.

Vor ihr lagen, auf dem Tisch drapiert, an die zwanzig Modelle. Das von Cartier ließ sie gerade beim Blick in den kleinen Handspiegel auf sich wirken, den ihr Franz mit stoischer Ruhe vor den Kopf hielt. Es schien ihr zu gefallen. Sie legte es vorsichtig und getrennt von den übrigen auf ein weißes Tuch und strich mit dem Zeigefinger fast zärtlich über die Schließe.

Hinter der Frau stand mit gelangweiltem Blick ein Mann mittleren Alters, vermutlich ihr Freund, der geistesabwesend mit den Schlüsseln eines Porsches spielte. Seine schwarzen Lackschuhe waren blitzblank, aber sie wirkten unpassend für einen Spaziergang an einem normalen Vormittag.

Das lässig über der Hose getragene rosa Seidenhemd gab sich redlich Mühe, den Bauchansatz zu kaschieren. Der rote Schimmer seiner schwarzbraunen Haare deutete darauf hin, dass sie gefärbt waren. Ein Mann mitten im Kampf gegen den Zahn der Zeit.

Die junge Frau war mit einer üppigen Figur ausgestattet, die sie mit einem knappen, weißen Minirock und einer noch knapperen, vorne geknöpften Bluse mit Leopardenmuster ins rechte Licht rückte.

Während sie die oberen beiden Knöpfe offen ließ, kämpfte der mittlere tapfer mit seiner Last. Der so konstruierte Ausschnitt gab den Blick auf ein Prachtexemplar von einem Busen frei, der kunstvoll drapiert in einem Büstenhalter wogte, der an die Bauart früherer, drahtverstärkter Gerätschaften erinnerte.

Die Brüste hatten die Form zweier mittelgroßer Melonen, was darauf schließen ließ, dass bei der Konstruktion Menschenhand und Kunststoff im Spiel gewesen sein müssen. Der Brustansatz war pfirsichfarben wie das Gesicht der jungen Frau. Ihre vollen Lippen glänzten je nach Lichteinfall irgendwo zwischen rot und rosa. Karin tippte fachmännisch auf Rouge Coco Nr. 416 von Chanel. Der Akzent der jungen Dame deutete darauf hin, dass sie aus dem Osten stammte. Tschechien kam mir in den Sinn. Auch Polen war eine Option.

„Sie haben viel Geduld mit mir, Herr Kugler. Ich bin ihnen sehr dankbar", sang das Wesen und schlug die Augen weit auf.

Sie waren dunkelbraun, fast schwarz, und von langen, fein geformten Wimpern gesäumt. Ich fand sie wunderschön.

Karin, die wortlos neben mir stand, gab mir einen schmerzhaften Tritt gegen das Schienbein; unser Geheimcode, der mich darauf hinweisen sollte, dass mein Mund, während ich schaute, wieder einmal offen stand.

Franz kämpfte seinen eigenen Kampf. Er versuchte angestrengt, den Blick in den Augen seiner Kundin zu halten und nicht unentwegt in ihren Ausschnitt zu starren. Sein Gesicht hatte mehr Rotanteil als sonst, und auf der Stirn konnte ich eine Ansammlung von Schweißperlen ausmachen, wie ich sie von unseren Modellen beim Fotoshooting kannte. Im Laden aber brannte um diese Zeit keine einzige Lampe, die eine derartige Wärme hätte abgeben können.

„Das mache ich doch gerne. Dafür bin ich schließlich da", antwortete Franz mit reichlich Verspätung auf die Huldigung seiner Kundin und arbeitete an einem Lächeln. Noch während er das tat, muss er sich an etwas verschluckt haben.

Auf jeden Fall wurde seine Luftaufnahme plötzlich von kräftigen Hustenstößen blockiert und für einen Moment sah es so aus, als ob er ersticken müsse.

Seine Augen traten furchterregend aus ihren Höhlen und die Halsschlagader war angeschwollen. Man konnte förmlich sehen, wie das Blut darin pulsierte.

Mein geistesgegenwärtiger, vielleicht etwas zu beherzter Schlag auf den Rücken meines Freundes hat dann einen letzten Hustenanfall ausgelöst, und seine

Atmung kam rasselnd wieder in Gang.

Während dieses letzten Hustenanfalls muss sich sein Körper dann von dem gefährlichen Eindringling in der Luftröhre befreit und das dunkelblaue Etwas auf die makellose Bluse der jungen Dame geschleudert haben, die ihm während des Vorfalls regungslos gegenüber gesessen hatte.

Es war ein winziges Körnchen seiner Lieblingsmarmelade, Waldbeeren mit ganzer Frucht, so eine, wie sie ihm seine alte Tante Berta seit jeher zur Herbstzeit kochte. Das Corpus Delicti thronte gut sichtbar auf dem linken Busen seines Gegenübers, genau im Weißen, zwischen zwei Leopardenflecken.

Erschrocken griff Franz nach dem Poliertuch, das neben den Modellen auf dem Tisch lag und machte, noch immer schwer atmend, Anstalten, das Missgeschick eigenhändig und auf der Stelle aus der Welt zu schaffen.

Der Begleiter der jungen Frau, der bis zu diesem Zeitpunkt kein einziges Wort gesprochen hatte, schaute dem Vorgang für einen Moment fassungslos zu. Dann schoss plötzlich Leben in seinen Körper und er herrschte Franz an, er möge augenblicklich die Finger von seiner Frau nehmen. Er war sehr aufgeregt und seine Stimme überschlug sich förmlich.

So wie er sprach, glaubte ich im ersten Ansatz, dass der Arme ein Kehlkopfleiden hätte, folgte dann aber

Karins Logik, die meinte, dass er wohl ein Schweizer sei. Alles an diesem Mann war jetzt auf Angriff programmiert.

Franz, der sich während des Ausbruchs tot gestellt hatte und dessen Gesicht mittlerweile puterrot angelaufen war, wollte die Hand vorsichtig und ohne den verbalen Angriff des Mannes zu kontern, zurückziehen, wurde aber von der jungen Frau daran gehindert.

Während sie seine Hand festhielt, wandte sie sich an ihren Galan. Sie war ganz ruhig und ihre Rede kam wieder mit diesem Augenaufschlag, den ich dieses Mal mit geschlossenem Mund zur Kenntnis nahm.

„Reto, warum regst du dich so auf? Der Herr Kugler wollte doch nur den Fleck entfernen."

„Aber nicht von dieser Stelle!" schrie ihr Begleiter, ohne irgendeinen in der Runde anzublicken und stampfte mit seinem lackbeschuhten rechten Fuß auf den Boden, dass ich Angst hatte, er könnte sich ernsthaft verletzten. Er hatte jede Kontrolle über sich verloren und tat mir leid. Mir waren Ausbrüche dieser Art nicht fremd und ich wusste, dass es für ihn an diesem Punkt kein Zurück mehr gab.

Seine Begleiterin aber kannte keine Gnade mit ihm. Sie schien die Situation zu genießen.

„Der Fleck hat sich diese Stelle ausgesucht, mein Tiger," kokettierte sie und lächelte ihn jetzt herausfordernd an.

„Gott, verdamm´ mich, verdamm´ mich!" fluchte der Mann, nun völlig außer sich, und stürzte grußlos aus dem Laden. Erst jetzt sah ich, dass er leicht hinkte und sich beim Gehen auf einen Stock stützte.

Franz hatte sich in der Zwischenzeit keinen Millimeter bewegt und die Frau hielt seine Hand noch immer fest.

„Er ist krankhaft eifersüchtig", meinte sie erklären zu müssen, „aber er beruhigt sich schnell."

Dann führte sie ganz entspannt Franz´ Hand an die Stelle der Verschmutzung und wischte damit genüsslich den Fleck von ihrer Bluse.

„Sehen Sie, fast wie neu."

Jetzt strahlte sie ihn mit unschuldiger Miene an und fragte: „Können Sie mir noch weitere Stücke zeigen, Herr Kugler?" Sie wollte offenbar mit dem Einkauf fortfahren.

Franz muss spätestens jetzt klar geworden sein, dass sie die ganze Zeit über mit ihm gespielt und dabei billigend in Kauf genommen hatte, ihren Mann zu demütigen. Seine Röte im Gesicht ging zurück und sein Körper richtete sich auf.

Er schaute die Frau ruhig an und sagte nach einer kurzen Pause: „Sie haben alles gesehen, was für Sie infrage kommt. Mehr kann ich Ihnen nicht bieten."

Dann verließ er ohne weiteren Kommentar den Laden und begab sich auf die Suche nach ihrem Mann.

Anja machte sich in der Zwischenzeit daran, die Halsketten, die auf dem Tisch lagen, wieder an ihren Platz zu räumen.

Jetzt schoss die Röte in das Gesicht der Peinigerin, und sie blickte verlegen zu Boden. Keiner sagte ein Wort.

Franz erschien wenige Minuten später mit dem Eidgenossen wieder im Laden. Die Beiden unterhielten sich und schienen Frieden geschlossen zu haben. Dieses ganz besondere Stück, das der jungen Dame so gut gefallen hatte, steckte Franz seinem Gesprächspartner zu.

„Überweisen Sie mir einfach den Betrag. Sie wissen am Besten, wann der richtige Zeitpunkt gekommen ist, es Ihrer Frau zu geben. Und kommen Sie wieder. Ich würde mich freuen."

Die beiden Männer gaben sich die Hand, und die Schöne huschte hinter ihrem Begleiter Richtung Ausgang. Ihre aufreizende Optik stand im krassen Gegensatz zu dem kleinen, unsicheren Mädchen, das sie auf einmal war.

„Vielen Dank und entschuldigen Sie bitte", sagte sie, kaum hörbar, im Vorbeigehen, aber sie sah Franz dabei nicht an.

„Kein Problem", meinte der, jetzt wieder ganz Geschäftsmann. „Gerne bis zum nächsten Mal." Dann war das Paar verschwunden.

Franz kam auf uns zu, und wir begrüßten uns herzlich. „Gerhard, mein Freund", meinte er zu mir, „wir Männer sind schon einfach gestrickt. Etwas ausgeprägt Weibliches verstellt uns die Sicht, und wir haben nur noch eines im Kopf. Der Dr. Halber, mein Urologe, hat einmal zu mir gesagt, dass dieser Reflex bis ins hohe Alter auslöst und dass er bei den meisten Männern den Verstand locker überlebt."

Dann wandte er sich an Karin und sagte achselzuckend: „Alles gentechnisch bedingt, hat nichts mit dem Charakter zu tun."

Damit war das Thema für ihn durch.

Ich war mächtig stolz auf meinen Artgenossen, nicht nur wegen seiner wissenschaftlich fundierten Analyse, uns Männer betreffend, sondern auch wegen der souveränen Art, mit der er die Situation letztendlich gemeistert hatte.

Auch Karin fand, dass er eine gute Figur gemacht hatte und war überzeugt: wenn einer ihr das richtige Schmuckstück empfehlen konnte, dann war das dieser Mann.

Die neue Perlenkette stand ihr ausgezeichnet.

Vom Zauber einer Frau

Der Ball der Bregenzer Kaufmannschaft war jedes Jahr der gesellschaftliche Höhepunkt der Saison. Hier traf sich alles, was in Wirtschaft, Wissenschaft und Politik Rang und Namen hatte. Dieses Jahr, im Jahre 1965, fiel der Termin auf Dienstag, den 19. Januar.

Für mich, einen 16-jährigen Jungspund vom Lande, war der Termin deswegen relevant, weil ich als einer von zehn Schülern der Handelsakademie Bregenz aufgrund eines Losentscheids zu diesem Großereignis eingeladen war. Mit der Einladung kam ein Merkblatt der Schule, das Hinweise zu Kleiderwahl und Verhalten lieferte. Wie immer waren unsere Altvorderen nicht frei von der Angst, wir könnten der Anstalt Schande bereiten.

Nach dem, was ich bislang gerüchtehalber über diese Art von Veranstaltungen in Erfahrung bringen konnte, hielten sich Pflicht und Kür in etwa die Waage. Zum einen galt es natürlich, den formalen Anforderungen zu genügen und in den unvermeidlichen Gesprächen mit den Honoratioren des Abends eine gute Figur zu machen, zum anderen lockte ein reichhaltiges Buffet und eine Vielzahl alkoholischer Getränke; gratis, versteht sich. Den Tanzbegeisterten bot sich zudem die Möglichkeit, zur Musik der „Lost Gentlemen", einer Kultgruppe aus Möggers, mit einem geschätzten Durchschnittsalter von fünfzig Jahren, ausgiebig das Tanzbein zu schwingen.

Natürlich war ich mächtig aufgeregt und hatte den Vorbereitungen auf diesen Abend fast zwei Stunden gewidmet. Meine Achseln und weitere, mir kritisch erscheinende Stellen, habe ich gründlich mit Seife gereinigt und mit einem BAC-Deoroller, Duftmarke Tanne, für zwölf Stunden aromaversiegelt. Die eher symbolische Rasur meiner selektiv sprießenden Barthaare erledigte ich mit einem alten Rasierapparat meines Vaters, einem Braun Sixtant, der einen Lärm machte wie ein Rasenmäher.

Von meinem Onkel Herwig, bei dem ich in Untermiete wohnte, entlieh ich eine Flasche Pitralon, ein Rasierwasser, das mir, reichlich aufgetragen, eine männlich-herbe Note verlieh und höllisch brannte. Als ich das Ergebnis im Spiegel betrachtete, war ich zufrieden.

Vor mir stand ein hochgeschossener, fescher Bengel in Anzug und Krawatte, etwas mager vielleicht, aber nicht ohne Klasse.

Der Hauptsponsor der Veranstaltung war in diesem Jahr der Fleischwarengroßhändler Maximilian Gürtler aus Hard. Es ging das Gerücht, dass seine Tochter, die Rosi, auf dieser Veranstaltung in die Gesellschaft eingeführt werden solle. Sie war gerade achtzehn geworden und hatte damit exakt das richtige Alter.

25

Ich kannte die Rosi schon vom Sehen. Sie war ein bildhübsches Mädchen, das zwei Klassen über mir in die gleiche Schule ging und von allen angehimmelt wurde. Ich bildete da keine Ausnahme.

Bei der Ankunft im Festsaal des Gösserbräu fiel mir gleich auf, dass alle Tische mit den grünen Servietten der Firma Gürtler dekoriert waren, in deren Mitte das Firmenlogo, eine zu einem G geformte, rohe Bratwurst in einem etwas aufdringlichen Pink, prangte. Ein Werbespruch, dessen Wortlaut mir entfallen ist, rahmte die Bratwurst bogenförmig ein.

Als der großzügigste aller Gönner durfte Gürtler den Ball mit einer Rede eröffnen und hat sich dabei mächtig ins Zeug gelegt. Er schlug eine Brücke von der Wirtschaft zur Politik und von der Politik zum wirklichen Leben. Er sprach darüber, dass bei uns im Land jeder Mensch entsprechend seinen Fähigkeiten seinen Weg machen könne und dass wir Jungen ein großartiges Leben vor uns hätten, wenn wir uns denn nur Mühe gäben und fleißig wären. Die Angst, dass Gürtler seinen langen Weg von bitterer Armut in den Reichtum im Detail schildern würde, war unberechtigt. Vielmehr ergriff er die Gelegenheit, nach seiner formalen Rede mit stolzer Geste auf seine Tochter zu verweisen, die zuvor neben ihm Platz genommen hatte.

Das Getuschel unter uns Buben war groß, als sich die Rosi bei ihrer Vorstellung erhob und einen kleinen

Knicks andeutete. Sie trug eine freche, schwarze Kurz-
haarfrisur, einen sogenannten Bubikopf, gelockt und
mit einem Seitenscheitel und ein züchtig geschlossenes,
anthrazitfarbenes Wollkleid, das so eng anlag, dass man
unschwer erkennen konnte, dass sie uns Buben in der
Entwicklung schon einen guten Schritt voraus war.

Mich faszinierte vor allem Rosis Lippenbemalung,
denn die hatte das Pink der Wurst auf den Papierservi-
etten und, wenn immer ein Lächeln ihr Gesicht erhell-
te, bildeten diese Lippen den Rahmen für zwei Reihen
wunderschöner, weißer Zähne. Dass auch ihre Stöckel-
schuhe in diesem Pink gehalten waren, sah ich erst spä-
ter, als ich sie schon ein bisschen kannte.

Ein dicker, rotbackiger Bub aus der Parallelklasse,
dessen Vater mit dem Gürtler Max geschäftlich ver-
bandelt war, gab vor zu wissen, dass es um die Rosi ein
kleines Geheimnis gäbe. Ihre Mutter sei gar nicht ihre
Mutter, sondern ihr Vater, der Max, soll sie an einem
schwülen Nachmittag, zusammen mit einer angehen-
den Fleischfachverkäuferin aus Bosnien, gezeugt ha-
ben. Ihr Name sei Samira gewesen.

Die Hitze soll die Beiden just in dem Moment über-
kommen haben, als die Samira dabei war, Därme zu
reinigen, die für die Befüllung mit dem frischen Brät
vorgesehen waren, das der Gehilfe vom Max am frühen
Morgen angerichtet hatte.

Dabei habe die Samira, die vornübergebeugt über

einem Zuber stand, wohl überhört, dass der Max in den Raum getreten war und schon seit einigen Sekunden mit großen Augen hinter ihr stand. Ihre im Rücken zugebundene Schutzkleidung aus dünnem Plastik, die aussah wie ein Patientennachthemd in mittelblau, hatte sich nämlich im Zuge der Arbeit leicht geöffnet und den Blick auf ihr strammes Hinterteil freigegeben.

Beim Zurückgehen habe die Samira den Max dann aus Versehen mit demselben berührt. Beide seien darüber so erschrocken gewesen, dass der Max die Samira reflexartig von hinten an den Brüsten gefasst habe und sie rücklings auf den Boden gefallen seien.

An das, was dann folgte, konnten sie sich beim besten Willen nicht mehr erinnern. Zumindest haben sie das so, fünf Monate später, dem Max seiner Frau erzählt, und die wollte es auch gar nicht so genau wissen. Der sichtbare Umstand, dass die Samira guter Hoffnung war, war für sie Erklärung genug.

Wie schon so oft in ihrer Ehe, war es die Frau Gürtler, die das Malheur wieder richten musste. Was die Moral ihres Gatten anbelangte, hatte sie bereits vor Jahren jede Hoffnung fahren lassen, und dass sich die Leute das Maul zerreißen würden, war ohnehin nicht zu vermeiden. Aber das Kind sollte nicht darunter leiden müssen. Also kamen die Gürtlers mit der Samira überein, es gleich nach der Geburt zu adoptieren. Sie selber hegten schon seit Langem einen Kinderwunsch, der sich aber, warum auch immer, nie erfüllt hatte.

Als das Mädchen dann auf der Welt war, tauften sie es auf den Namen Rosalinde.

Um Samira einen Neuanfang zu ermöglichen, brachte der Max sie kurz nach ihrer Niederkunft bei einem befreundeten Fleischermeister in Krems unter, dessen Sohn sie dann ein Jahr später ehelichte.

Wir haben alle so gebannt der Geschichte zugehört, dass ich ganz vergessen hatte, dass ich noch eine Aufgabe als Redner zu erledigen hatte. Diese bestand darin, dem Festkomitee für die Einladung zu danken und eine Grußadresse der Schule zu überbringen.

Mit hochrotem Kopf folgte ich der Aufforderung des Moderators und machte mich eiligen Schrittes auf den Weg zum Rednerpult. Dort angekommen, suchte ich in meiner Jackentasche nach den Notizen, die ich vorbereitet hatte, konnte sie in der Aufregung aber nicht finden und verließ mich, wie schon so oft, auf die göttliche Eingebung. Die aber hatte keine Eile, und so war ich gezwungen, im Publikum nach verwertbaren Themen für meine Rede zu suchen.

Die Honoratioren, die links und rechts von meiner Position platziert waren, gaben wenig her. Erstens, weil ich von mir aus ihre Namensschilder nicht lesen konnte und zweitens, weil die sich schon zu Beginn der Veranstaltung wechselseitig so ausgiebig gewürdigt hatten, dass ich die Verlegung einer weiteren Schleimspur für unangebracht hielt.

Nur der Herr Pfarrer schien mir etwas isoliert. Auf jeden Fall deutete ich seinen Gesichtsausdruck dahingehend, dass er etwas Aufmerksamkeit gut vertragen könnte. Also wandte ich mich ihm zu und begann meine Rede mit der Würdigung seiner Rolle als Mittler zwischen dem Himmel und uns Irdischen.

Das Thema war für mich insofern ein Heimspiel, als ich schon früh erkannt habe, dass die Botschaft der Kirche wenig mit konkretem Wissen, aber viel mit Glaube, Hoffnung und Liebe zu tun hat. Damit stand mir ein faktisch unbegrenzter Fundus an Bildern und Metaphern zur Verfügung, die ich anlassbezogen in meine Rede einfließen lassen konnte.

Ich entschied mich spontan, das Bild mit der Brücke aus dem Vortrag von Herrn Gürtler aufzugreifen und ergänzte seine Brücken zwischen Politik, Wirtschaft und Bildung um eine weitere zum Himmel.

Irgendwie muss ich mich dann im Thema verlaufen haben, denn der Conferencier begann vernehmbar zu hüsteln. Beim Blick in das Auditorium gewann ich zudem den Eindruck, dass sich die Mienen der älteren Zuhörer während meiner Ausführungen verfinstert hatten und das anfängliche Wohlwollen aus ihren Gesichtern verschwunden war. Im Gegensatz dazu folgte die junge Klientel meinen Ausführungen aufgeschlossen, ja geradezu fröhlich. Rosi war förmlich aus dem Häuschen.

Auch ihr Vater machte einen heiteren Eindruck.

Eine Blitzanalyse der Situation ergab, dass ich mich für eine Zielgruppe entscheiden musste, wenn ich das Rednerpult mit Applaus verlassen wollte. Allen konnte ich es ohnehin nicht mehr recht machen. Meine Wahl fiel auf die jugendlichen Zuhörer, denn die waren schon heiß. Was ich jetzt brauchte, war ein guter Abschluss. Der würde den Mittelteil des Gesagten vergessen machen.

Das war der Plan.

Ruckartig richtete ich mich auf und führte schweigend den rechten Zeigefinger zum Mund. Im Saal wurde es mucksmäuschenstill. Langsam drehte ich mich zur Seite und zeigte mit ausgestrecktem Arm auf Rosi, die die Augen nicht mehr von mir nahm.

Dann erhob ich meine Stimme und rief mit Pathos in den Saal: „Und das ist die letzte Brücke, die es heute zu schlagen gilt, die Brücke, die uns, die Jugend, also die Zukunft, mit den Alten, also der Tradition, verbindet. Diesem Thema möchte ich den Schlussteil meiner Rede widmen."

Dann, nach einer kurzen Pause, fuhr ich fort: „Ich lade Sie alle ein, sich zurückzulehnen und mir gedanklich auf dieser Reise zu folgen."

Ich hatte nicht die leiseste Ahnung, wohin mich besagte Reise führen würde und schaute, um Zeit zu gewinnen, erst einmal vielsagend in die Runde.

Der Tumult, der einem Moment absoluter Stille folgte, brach alle Dämme und der zahlenmäßig unterlegene Teil der Festgäste, den ich zu meinen Anhängern zählen durfte, trampelte und pfiff wie nach einer gelungenen Theateraufführung.

Trotzdem ahnte ich instinktiv, dass weitere Ausführungen von mir seitens des Festkomittees nicht erwartet würden. Also trat ich neben das Rednerpult und verbeugte mich tief vor dem Auditorium, was einen erneuten Begeisterungssturm auslöste. Aus den Augenwinkeln sah ich Rosi, die vor Lachen weinte. Dann ging ich, freundlich nach links und rechts nickend, auf direktem Weg wieder zu meinem Tisch.

Der Sprecher, der durch den Abend führte, tat das einzig Richtige. Er änderte den Programmablauf und bat die Kapelle um eine Tanzeinlage.

Ehrenreich Hämmerle, der Direktor eines Lustenauer Stickereibetriebes, der nach mir als nächster Vortragender geplant war, hätte einen zu schweren Stand gehabt. Das Saalpublikum nahm diese Änderung positiv auf und die Tanzfläche füllte sich schnell.

Bei meinen Freunden angekommen, sah ich, wie Rosi und ihr Vater geradewegs auf unseren Tisch zusteuerten und mich ins Visier nahmen. Er, ein Repräsentant der Vergangenheit, wollte unbedingt mit uns, den Vertretern der Zukunft, einmal anstoßen, hat er gesagt. Um das mit Stil zu tun, bestellte er zwei Flaschen besten Mumm Champagner und hob das Glas auf die Jugend. Rosi hatte sich zwischenzeitlich neben mir aufgebaut und mir zu meiner Rede gratuliert. Sie sagte, sie hätte ihren Vater schon lange nicht mehr so gelöst erlebt wie an diesem Tag.

Dann nahm sie meine Hand, entschuldigte uns beim Rest der Gruppe und zog mich auf die Tanzfläche.

Mir schlug das Herz bis zum Hals. Ich und die schöne Rosi. Das konnte nicht gutgehen. Wusste sie nicht, dass ich mehr als zwei Jahre jünger war als sie und dass ich überhaupt nicht tanzen konnte?

Was, wenn die Musik einen Walzer spielte oder einen Cha-Cha-Cha? Ich würde mich heillos blamieren. Aber es gab kein Zurück. Gerade, als die Band eine kurze Pause machte, kamen wir auf der Tanzfläche an.

Die Paare, die bis zu diesem Zeitpunkt getanzt hatten, gingen wieder zu ihren Plätzen, und Rosi und ich standen allein im Licht der Scheinwerfer. Ich wollte im Boden versinken. Im Saal wurde es totenstill, und gefühlte tausend Augen starrten uns an.

Dann wechselte das Licht auf Rot und die Band ging in Stellung. Wie durch einen Nebel hörte ich den Schlager *Moooonjaaaa, Mooononja* und war erleichtert. Dieser Rhythmus war beherrschbar. Rosi begann, sich zu bewegen, und ich folgte ihr. Noch einmal brauste Applaus auf. Dann füllte sich die Tanzfläche wieder und die anderen Paare gaben uns Deckung.

Rosi war mit ihren hohen Schuhen etwas größer als ich, was mich weniger irritierte als der Blick ihrer schönen, schwarzbraunen Augen, der ganz leicht über Kreuz zu gehen schien. Mit diesen Augen schaute sie mich so offen und neugierig an, dass ich ganz verlegen wurde und nach einem anderen Punkt Ausschau hielt, an dem ich mich gefahrlos fest machen konnte. Ich entschied mich für die kleine Locke auf ihrer Stirn.

„Du bist der Held des Abends," flüsterte sie mir ins Ohr. „Wir sollten das ein bisschen feiern."

Als die Kapelle einen weiteren Schieber anspielte, zog sie mich ganz zu sich heran und legte ihre Wange an meine. Sie umschlang mich mit ihren Armen und meine Hände suchten auf ihrem Rücken nach einem unverfänglichen Halt.

Meine Nase registrierte den betörenden Duft ihres Parfums und ihr, auch bei Nähe gefühlt, großzügiger Körper brachte Gefühle in mir zum Brennen, die ich bis dato nicht kannte. Aus den Augenwinkeln sah ich meine Freunde, die mit offenem Mund die Szene verfolgten.

Es war schon weit nach Mitternacht, als ich mit Rosi kurz auf die Anton-Schneider-Straße hinaus trat, um etwas frische Luft zu schnappen. Der Himmel hatte mittlerweile aufgeklart und direkt über uns stand der Mond in einem riesigen weißen Hof.

„Vorgestern war Vollmond", hörte ich Rosi sagen.

Dann gab sie mir einen feuchten Kuss.

„Lass uns zu Dir fahren und etwas Zeit miteinander verbringen, bevor der Tag wieder kommt." Sie klopfte unvermittelt auf das Dach eines vor dem Gösser geparkten Taxis und wir stiegen ein.

„Du musst dem Fahrer noch Deine Adresse geben," flüsterte sie mir ins Ohr und wartete auf meinen Einsatz. Mit belegter Stimme nannte ich Straße und Hausnummer. Ich hatte noch nie zuvor ein Mädchen mit aufs Zimmer genommen.

Ich weiß nicht, was lauter war; das Klopfen meines Herzens oder das Knarren der Stufen der alten Holztreppe, als wir, nachdem wir die Schuhe ausgezogen hatten, die zwei Stockwerke ins Dachgeschoss stiegen. Erst als die Dachbodentür leise ins Schloss fiel, fühlte ich mich halbwegs sicher.

Jetzt standen wir im dunklen Speicher und Rosi umarmte mich, wie wenn es kein Morgen gäbe.

„Rosi, wir müssen noch einen Raum weiter. Das hier ist nur der Dachboden." Langsam ließ sie von mir ab und ich öffnete die Tür in mein Zimmer.

Ich zitterte vor Aufregung.

Rosi muss das gespürt haben und bat mich, das Licht nicht anzumachen.

„Du musst erst lernen zu fühlen, damit Du lernst zu sehen", hauchte sie und kam ganz nahe an mich heran.

Dann nahm sie behutsam meine Hand und glitt mit

ihr tastend über ihren warmen Körper, der unter ihrem Wollkleid pulsierte.

Als meine Hand unter Rosis Führung von ihrem Strumpfband auf die Innenseite ihres Schenkels glitt, verlor ich fast die Besinnung.

Ich zählte bis zwanzig und wieder zurück, dann sagte ich das Alphabet auf; nur um nicht alles zu vermasseln. Ich wollte diesen Moment in die Ewigkeit verlängern. Beim Buchstaben O war die Ewigkeit vorbei.

Rosis Zärtlichkeit hatte etwas geradezu Fürsorgliches. An diesem Abend sollte ich noch Dinge lernen, an die ich in den kühnsten Träumen nicht gedacht hatte, und die andächtige Betrachtung von Rosis wunderschönem Körper ergab, dass all meine bis dahin händisch angefertigten Zeichnungen nackter Frauen der vor mir liegenden Wirklichkeit das Wasser nicht reichen konnten.

Mehr noch: in einigen Details lag meine Vorstellung komplett daneben. Den Busen habe ich immer zu hoch angesetzt, irgendwo zwischen den Schultern, und den Duft, den eine Frau in der Phase der Bereitschaft verströmt, hätte ich mir, jungfräulich wie ich war, weder erträumen noch hätte ich ihn malen können.

Als ich morgens aufwachte, war Rosi schon verschwunden. Auf dem Spiegel prangte ein pinkfarbener Kussmund und darunter hatte sie hingeschrieben: „Danke für heute Nacht. R."

In den folgenden Wochen waren Rosi und ich unzertrennlich. Trotz unserer Ungleichheit waren wir ein wunderbares Paar. Da, wo sie mehr Erfahrung hatte als ich, ließ ich mich gerne führen. Und da, wo sie von mir lernen konnte, ließ sie sich voll auf mich ein.

Ich schrieb Gedichte für sie, las ihr aus meinen Büchern vor oder wir lagen nachts am See auf dem Rücken und zählten die Sterne.

Nie habe ich sie gefragt, wo und mit wem sie die Abende verbringt, an denen ich auf sie verzichten musste, und sie hatte Verständnis, wenn ich einmal wirklich lernen musste und sie lieber mit mir um die Häuser gezogen wäre.

Fünf Monate ist das mit uns so gegangen, bis zum Tag der Zeugnisausgabe, dem Tag, an dem sie mir eröffnete, dass sie nach den Ferien nach Wien gehen würde, um dort zu studieren.

Wir sind uns nie wieder begegnet.

Das Klassentreffen

Der 26. November 2015 war ein kalter, regnerischer Tag, einer von denen, an dem kein Hund freiwillig vor die Türe geht, geschweige denn ein Rentner.

Aber es war das Datum, an dem Helmut, unser Gruppenhäuptling, sich vorgenommen hatte, ein Klassentreffen unseres Maturajahrganges zu veranstalten.

Es war das letzte in diesem Jahr, und da nicht dabei zu sein, kam für mich überhaupt nicht in Betracht.

»Wer weiß«, fragte ich mich angesichts unseres stattlichen Durchschnittsalters, »wie viele dieser Treffen wir noch vor uns haben?«

Fast wäre ich ein bisschen sentimental geworden bei dem Gedanken, riss mich dann aber zusammen und verließ in Begleitung meiner Frau die warme Stube. Sie musste sowieso nach Bregenz.

Als mich Karin kurz vor sechs vor dem Gasthaus Schendlingen im Bregenzer Vorkloster absetzte, war es schon stockfinster und der Regen ging langsam in Schneeregen über. Die Schendlingerstraße war verstopft vom Feierabendverkehr, und ich huschte, geblendet von den vielen Scheinwerfern, mit eingezogenem Kopf über die Straße Richtung Wirtschaft.

Helmut hat sich irgendwann für diese eher schlichte Adresse entschieden, weil der Fußmarsch zum Bahnhof Riedenburg auch für ältere Semester nur wenige Minuten in Anspruch nimmt und damit für die, die mit dem Zug anreisen, eine optimale Lösung gefunden.

„Wenn die Leute sich schon die Mühe machen, so weite Fahrten anzutreten, dann sollen sie nicht auch noch in Bregenz stundenlang durch die Nacht irren müssen", hat er gemeint. Die gute Seele.

Gleich beim Betreten des Gasthauses registrierte meine feine Nase den leicht modrigen Geruch der alten Mauern, den ich noch von der Schulzeit her kannte.

In dem schmucklosen Vorraum stand in schöner Handschrift auf einer an die Wand gelehnten Tafel, dass das heutige Mittagsmenü aus einem Schweinsbraten mit Knödel und Salat bestanden hat und man dieses für sieben Euro vierzig hätte erwerben können, Suppe inklusive.

Eine Tür mit der Aufschrift „Eintritt verboten" ließ mich schlussfolgern, dass demnach die andere in den Gastraum führt.

Als ich selbige öffnete, schlug mir eine unvergleichliche Duftmischung entgegen. Es war eine Mixtur aus dem Geruch von gestandenen Mannsbildern nach einem langen Arbeitstag, einem Hauch erhitzter Panier und dem Rauch von Zigaretten, der in Form dichter Wolken über den Köpfen der Gäste waberte.

An den hellbraunen Holztischen saßen Gruppen von Männern, die Karten spielten oder lautstark politisierten. Die meisten tranken Bier. Gleich hinter der Tür saß regungslos ein einzelner Mann, der sein Glas mit beiden Händen festhielt und mit leerem Blick vor sich hin starrte. Das Glas war noch ganz voll, nur der Schaum hatte sich schon aufgelöst. Eine Frau konnte ich unter den Gästen nicht ausmachen.

An der Schank begrüßte mich die resolute Wirtin - wie ich später lernte, eine Bayerin - und bugsierte mich einen Raum weiter, wo für uns, „die Jugendgruppe", wie sie sagte, reserviert war.

Die Wirtsleute hatten mitten im Raum zwei Tische zu einem Quadrat zusammengeschoben und darum zehn Stühle arrangiert. Zwei davon waren schon belegt. Fuzzi und Kurt waren wieder einmal die Ersten. Ich nahm neben Kurt Platz und wir gaben uns gegenseitig in Kurzform die Antwort auf die Frage, wie man es denn so hätte.

Als nächster kam Otmar vorsichtigen Schrittes und mit zusammengekniffenen Augen in den Raum. Er schien uns anfangs nicht zu erkennen, aber näher gekommen, blickte er wieder durch. Ein sich aufbauender Grauer Star mache ihm zu schaffen, sagte er und war sichtlich froh, dass er am Ziel angekommen war.

Dann erschien Helmut, unser Anführer, eigentlich viel zu spät, aber ohne ein Anzeichen von Bedauern über diesen Umstand. Seinem undeutlichen Gemurmel entnahm ich die Information, dass St. Margarethen im

Winter weiter von Höchst entfernt sei als im Sommer und er deswegen den Zug versäumt hätte.

Gleich nach ihm erschienen ein gut gelaunter, abgemagerter Hasi in leuchtend gelber Windjacke und Bene, rank und schlank wie eh und je. Dynamisch wie ein junger Hirsch betrat Minuten später Klaus samt neuer Hüfte die Szene und, wieder mal als Letzter, Herbert, unser distinguierter Bankdirektor in Ruhe.

Es war ein großes Hallo und die Gespräche gingen bunt durcheinander. Natürlich kam auch mein erstes Buch, das „Zälfabüabli", zur Sprache und die, die es noch nicht gekauft hatten - das war die Mehrzahl - hatten allesamt gute Ausreden für ihre bisherige Enthaltsamkeit.

Bene hatte den Kauf des Buches immerhin schon auf seiner To-Do-Liste, Klaus gab offen zu, dass ihn „der Scheiß nicht interessiert."

Ansonsten drehten sich die Themen diesmal neben den Enkeln auch um die individuellen Wehwehchen und die damit einhergehenden kaputten Organe. Das veranlasste mich zu dem Vorschlag, dass wir uns künftig nicht mehr mit unserem Namen, sondern mit der Bezeichnung des nicht mehr funktionierenden oder abhanden gekommenen Körperteils benennen.

So wurde aus Klaus die Hüfte, aus Fuzzi der Finger, aus Otmar der Graue Star usw. Nur Bene fiel aus der Reihe, weil ihm angeblich keine Krankheit und kein fehlendes Organ einfallen wollte, und so brach diese Idee mit der neuen Namensgebung zu meinem Bedauern in sich zusammen.

Natürlich waren auch viele der Mitschüler im Gespräch gegenwärtig, die nicht persönlich anwesend sein konnten oder wollten.

Tone, unser geschäftstüchtiger Realitätenbesitzer, war gleich mehrfach das Thema. Otmar wusste zu erzählen, dass der deswegen nicht da sei, weil er sich heute partout nicht von seinen Büchern trennen konnte, insbesondere nicht von seinem Lieblingsbuch, dem Grundbuch.

Vom Siegi wurde berichtet, dass der sich wegen seiner gebrochenen Hand noch einmal in Behandlung begeben musste und Pepi sei im Zuge der herbstlichen Gartenarbeit der Blitz ins Kreuz gefahren.

Werner kam vor, weil sich zwei von uns nicht einig waren, ob der jetzt ein Montafoner oder ein Walgauer sei und auch an unsere Wiener Freunde, Raimund und Hannes, haben wir uns im Gespräch erinnert, aber was genau über sie gesagt wurde, weiß ich nicht mehr.

Wolfgang wurde allgemein gelobt, weil er sich schon im Vorfeld per Email entschuldigt und dieser Entschuldigung ein Bild von der Birnenernte im Schwäbischen beigelegt hatte. Keinem war wirklich klar, warum es gerade dieses Motiv sein sollte, aber oft versteht man den Sinn der Dinge ja erst im Nachhinein.

Vom Sagi wusste einer, dass der jetzt, im Alter, noch wichtigere Ämter als früher inne- und deshalb keine Zeit habe und vom Sime hat einer gehört, dass der im fernen Konstanz als emeritierter Professor seine Tage zählt. Vom Elmar wurde gemunkelt, er sei immer noch, oder wieder, in großen Projekten gebunden, und Miese und Figo hätten mit dieser Art von Treffen halt einfach nichts am Hut. Trotzdem wurde über ihnen der Stab nicht gebrochen.

Ach ja, und der Turli, unser Dienstältester, sei jetzt angeblich als Schafzüchter aktiv. Wer das wieder zum Besten gab, ist mir entfallen.

Der Rest der Truppe galt als verschollen.

Im Zuge der weiteren Unterhaltung konnte man erfahren, dass der Pepi und der Helmut den gleichen familiären Schmerz haben, nämlich eine Tochter, die ihrer Meinung nach zu weit weg von zuhause ihre Lebensmitte angesiedelt hat; Pepis Tochter im fernen Kanada und Helmuts Tochter im deutschen Leipzig.

Den Einwand von Otmar, dass das wohl nicht das Gleiche sei, weil Leipzig doch näher sei als Toronto, atomisierte Helmut mit der Aussage, dass die Zugfahrt nach Leipzig genau so lange dauere wie der Flug nach Toronto. Nachdem Otmar in seinem Leben weder in Leipzig noch in Toronto war, zog er sich kleinlaut zurück.

Klaus erzählte, was allen schon aus der Email bekannt war, nämlich, dass Wolfgangs Töchter sich jetzt vollzählig im Süden Deutschlands befänden und damit die Wahrscheinlichkeit stiege, unserem alten Freund bald wieder leibhaftig zu begegnen.

Kurt und Otmar tauschten lautstark ihre deckungs-gleiche Meinung über die katastrophalen Zustände in der katholischen Kirche und die Rolle der Amerikaner in der Weltpolitik aus und nahmen Wladimir Putin mir gegenüber in Schutz. Kurt wies einen Nachbarn links von mir wegen seiner Bemerkung, die Bettler in Dorn-birn betreffend, in die Schranken und lobte in diesem Zusammenhang Angela Merkel und ihr „Wir schaffen das!"

Otmar und ich sind parallel dazu kurz ins Philoso-phische abgeglitten und haben uns bei der Gelegenheit gegenseitig unserer Wertschätzung versichert. Otmars nachfolgendes Plädoyer für getrennte Schlafzimmer ging im allgemeinen Trubel leider unter. Ich hätte gerne mehr davon verstanden.

Hasi lieferte noch einen Höhepunkt mit seiner Ge-schichte von der „verliebten Blunz'n", die er aus dem Stegreif zu Gehör brachte.

Klaus gestand zu später Stunde, dass er sich ein Le-ben ohne Sex nicht vorstellen könne und untermalte dieses Bekenntnis mit einem Satz auf Lateinisch, den ich zuhause erst googeln musste. Ich scheine der Einzi-ge gewesen zu sein, der das nicht verstanden hat, denn der Rest der Runde hat bedeutungsvoll mit dem Kopf genickt. Nur Fuzzi wirkte eher nachdenklich.

Irgendwann begann die Wirtin, die bestellten Speisen zu liefern. Ich hatte mich für Cevapcici entschieden, da ich die für mein Leben gerne esse und die hier, so Helmut, ganz gut seien. Das war eine blanke Untertreibung. Sie schmeckten hervorragend, um nicht zu sagen: ich habe noch nie bessere gegessen.

Als ich dem Koch einen Schnaps in die Küche schicken wollte, erfuhr ich von der Wirtin, dass der Koch eine Köchin sei und diese keinen Schnaps trinken würde.

„Dann sagen Sie ihr einfach, dass ich sie heiraten möchte", besserte ich mein Angebot nach.

Zwei Minuten später stand vor mir besagte Köchin, eine resche Frau um die Vierzig und meinte, dass sie mein Angebot annähme. Allerdings würde ihr Einverständnis nur gelten, wenn sie am Tage unserer Hochzeit nicht selber kochen müsse. Mit dieser Einschränkung wollte ich nicht leben und zog mein Heiratsangebot zurück. Wir trennten uns im Guten und sie verschwand wieder in die Küche.

Trotzdem Hasi meinte, anmerken zu müssen, dass meine Spontaneität in all den Jahren offensichtlich nicht gelitten hätte und auch Kurt sich einen Kommentar zu dem Erlebten nicht verkneifen konnte, sah ich keine Veranlassung, das Thema weiter zu vertiefen. Ich hätte auch nach einer längeren Erklärung nichts mehr für mein Image tun können.

Bei aller körperlich sichtbaren Hinfälligkeit waren die Gespräche im Übrigen lebendig, teilweise intellektuell im Abgang, aber natürlich so, dass alle ohne Schwierigkeit folgen konnten.

Es ging bunt durcheinander, und irgendwie klang es wie früher. Hätte man uns nicht gesehen, sondern nur gehört, hätte man meinen können, dass da die jungen Burschen von damals beim Bier sitzen und blöd daherreden.

Gegen Ende des Treffens wurde sich Helmut unvermutet wieder seiner verantwortungsvollen Rolle als unser Häuptling bewusst und brachte das Thema fünfzigjähriges Maturajubiläum auf den Tisch. Nachdem die Aufmerksamkeit der Gruppe schon etwas am Leiden war, habe ich vorgeschlagen, dass wir ein Komitee bilden, das sich um das Event kümmert.

Helmut sollte - natürlich - den Vorsitz bilden, Herbert, als ehemaliger Bankdirektor, die Finanzplanung übernehmen und, weil sie heute als erste da waren, Kurt und Fuzzi die kreativen Ideen beisteuern. Nachdem mir zu diesem Zeitpunkt schon keiner mehr zuhörte, habe ich beschlossen, meinen Vorschlag als einstimmig angenommen zu betrachten. Helmut muss das jetzt nur noch formal festziehen und die Umsetzung anordnen.

Kurz nach zehn Uhr fiel die Runde in sich zusammen, weil die Ersten auf den Zug mussten und mein liebes Weib schon in der Tür stand.

„So Gott will", meinte Helmut noch, „sehen wir uns bald in alter Frische wieder."

Er wollte sich melden.

Mögen Sie Beethoven?

Es war schon fünf Minuten vor halb sieben an diesem Samstagabend, als ich, noch immer in meinem Morgenmantel, vor dem Computer in meinem Arbeitszimmer saß und versuchte, einer Geschichte, deren Schluss mir nicht gefiel, frischen Atem einzuhauchen.

Karin, meine Frau, stand vor mir, in festliches Schwarz gehüllt, frisch frisiert und mit perfektem Make-up. An ihrem Hals trug sie die dunkle Perlenkette, die ich ihr vor Jahren geschenkt hatte. Ein seltener Anblick bei einem Konzerttermin, denn meist war ihr Platz auf der Bühne und nicht im Saal und sie hatte dann als Geigerin keine Verwendung für Halsschmuck. Sie sah umwerfend aus.

„Das Essen ist in fünf Minuten auf dem Tisch", meinte sie und erinnerte mich daran, dass wir spätestens um achtzehn Uhr fünfundvierzig das Haus verlassen müssten, wenn wir in Bregenz noch einen Parkplatz in der Bahnhofstraße ergattern wollten. Von dort waren es nur wenige Minuten bis zum Festspielhaus am See, unserem Ziel an diesem Abend.

Ich trennte mich widerstrebend von meinem Arbeitsgerät und folgte ihr ins Wohnzimmer. Nachdem ich die kleine Stärkung zu mir genommen hatte, blieben mir noch zehn Minuten, um mich in einen Menschen zu verwandeln.

Um achtzehn Uhr zweiundvierzig stand ich gewaschen und gekämmt vor der Kleiderauswahl, die Karin vorsorglich schon einmal bereit gelegt hatte. Bei schlechtem Licht wäre ich ohne ihre Hilfe Gefahr gelaufen, die dunkelblaue Anzugshose mit dem Oberteil des schwarzen Anzugs zu kombinieren.

Um achtzehn Uhr neunundvierzig saßen wir im Wagen und fuhren Richtung Autobahn. Bregenz war auf diesem Wege locker in zehn Minuten zu erreichen. Die Voraussetzung dafür war allerdings freie Fahrt. Die war auf der B200, die den Bregenzerwald mit dem Autobahnkreuz Dornbirn-Nord verbindet, an diesem Abend aber nicht gegeben. Eine nicht enden wollende Kolonne von mindestens zwanzig Fahrzeugen, die der Achraintunnel ausspuckte, bewegte sich zäh in Richtung Autobahn. Erst dort angekommen, machten die hundertneunzig Pferdestärken wieder Sinn.

Als wir in Bregenz auf Höhe vom Bahnhof waren, hatten wir schon kostbare Zeit verloren und suchten, gemeinsam mit anderen Konzertbesuchern, nach einem Parkplatz. Das Angebot war noch knapper als sonst, weil die Stadt Bregenz bereits begonnen hatte, das Kanalsystem der Bahnhofstraße zu optimieren; ein Vorgeschmack auf die kommenden Bauarbeiten für das neue Seestadtareal.

Dreizehn Minuten nach sieben gingen wir, leicht

genervt, vor Anker. Karin hatte einen weißen Golf entdeckt, der sich anschickte, seinen Platz zu verlassen.

Die Fahrerin, die parallel zu ihrem Ausparkvorgang noch an ihrem Handy aktiv war, hatte keine Eile und machte mich etwas unruhig. Es kam zu einem kurzen Austausch der Standpunkte, an dessen Ende ich zwar in der Parklücke stand, aber mental leicht aus meiner Mitte geraten war.

Meine Frau versuchte, mich zu beruhigen, was ihr auch gelang. Um neunzehn Uhr zweiundzwanzig standen wir in der Garderobe des Festspielhauses. Ich, ganz Kavalier, nahm beide Mäntel und besorgte uns eine Marke.

Meine bessere Hälfte unterhielt sich in der Zwischenzeit mit Julia und Thomas, zwei unserer Nachbarn aus Schwarzach. Julia hatte eine neue Frisur, die ihr gut zu Gesicht stand und trug ein schickes schwarzes Kleid. Ich überließ Karin ihrer Obhut und machte mich noch auf den Weg zur Toilette, um den Abend entspannt verbringen zu können.

Mit Befremden stellte ich fest, dass in Letzterer eine junge, dunkelhaarige Frau vor der Spiegelfront stand und sich in aller Ruhe die Lippen nachzog. Auf meine Frage, ob sie sich in der Tür geirrt hätte, reagierte sie gelassen und wies mich darauf hin, dass die Einrichtungen für Männer auf der anderen Seite des Ganges wären. Sie war nicht unfreundlich. Ich entschuldigte mich und machte mich aus dem Staub.

Auf dem Gang hatte ein älterer Herr den Vorgang mit süffisantem Blick beobachtet und wollte wissen, wie es denn so gewesen sei bei den Damen. Ich ignorierte ihn und erleichterte mich vorschriftsgemäß in der Männerabteilung. Dann machte ich mich zurück auf den Weg zur Garderobe, wo Karin auf mich wartete.

Gemeinsam machten wir uns auf die Suche nach unserem Platz. Rang 6, links, stand auf der Karte. Unsere Freunde, Karl und Kathy, waren schon da. Das hatten wir also gerade noch in letzter Minute geschafft.

Karl, ein Mann der neben seiner Eigenschaft als Unternehmer und Familienoberhaupt und seinen politischen und kirchlichen Ämtern noch ausreichend Zeit für das Spiel seiner Geige fand, war es tatsächlich gelungen, über die Warteliste an Karten zu kommen. Ich hatte bis zuletzt gehofft, dass es diesmal nicht klappen würde, aber ich habe sein Organisationstalent unterschätzt. Wie schon so oft.

Karin hingegen, die mit Karl an einem Pult bei den Bregenzer Musikfreunden spielt und dort als Stimmführerin der 2. Geige amtiert, war glücklich über seinen Erfolg. Sie freute sich schon seit Langem auf die Solistin, die als Höhepunkt angekündigt worden war.

Die Sitze 23 und 24 erwiesen sich als gut, mit freier Sicht auf die Bühne, vielleicht etwas weit weg für das optimale Klangerlebnis. Karin saß rechts von mir. Meine Sitznachbarin zur Linken war schlank, schweigsam, erhob keinen Anspruch auf die Nutzung der gemeinsamen Armlehne und roch gut. Die Herrschaften vor mir trugen anständige Frisuren, die den Blick nicht versperrten.

Meine innere Kontrolllampe schaltete auf grün. Ich begann mich zu entspannen. Mein Schweiß konnte trocknen.

Wie ich dies immer tat, ließ ich meinen Blick erst einmal wandern, um allfällige bekannte Gesichter auszumachen. Ich wurde mehrfach fündig. Sowohl die Musikfreunde Bregenz als auch der Bregenzer Männerchor zeigten reichlich Präsenz.

Trotzdem auch an diesem Abend weiß als Haarfarbe dominierte, war eine ganze Reihe von jungen Leuten zu sehen, die das Leben noch vor sich hatten. Wieder einmal drängte sich mir die Frage auf, wieviele der anwesenden Männer wohl freiwillig hier saßen und ob ich der Einzige sei, der Veranstaltungen dieser Art nur aus Liebe zu seiner Frau beiwohnte.

Karin hatte sich in den nun schon sechzehn Jahren unseres gemeinsamen Lebens redlich Mühe gegeben, mich mit der klassischen Musik vertraut zu machen, ist aber, auch zu meinem Bedauern, an dieser Aufgabe zumindest teilweise gescheitert. Ich war zwar mittlerweile in der Lage, die einzelnen Streichinstrumente auseinanderzuhalten, verstand die Rollen des Konzertmeisters und der Stimmführer und fiel schon bald nicht mehr durch Klatschen vor dem Ende des letzten Satzes auf. Aber die Seele dieser Art von Musik erschließt sich mir nur schleppend.

Nachdem bereits die ersten Musiker auf der Bühne Stellung bezogen hatten, war es an der Zeit, einen Blick in das Programmheft zu werfen. Ich lernte, dass das Orchestre des Champs-Élysées unter der Leitung von Philippe Herreweghe, eines belgischen Stardirigenten, Werke von Beethoven und Felix Mendelssohn Bartholdy zu Gehör bringen wird.

Das Orchester, so konnte ich lesen, sei die älteste auf Originalinstrumenten spielende französische Formation von internationalem Renommée, und über Herreweghe sagte *The New York Times*, dass kein anderer Dirigent die Elemente der historischen Aufführungspraxis beeindruckender in das Repertoire des 19. Jahrhunderts übertragen hätte als er.

Ich hatte zwar auch nach diesem Text keine wirkliche Vorstellung von dem, was auf mich zukommt, aber es klang nicht nach leichter Kost.

Von den drei Vortragsblöcken kannte ich nur den letzten, nämlich Beethovens Fünfte. Die Ouvertüre Coriolan von Beethoven in c-Moll war mir ebenso fremd wie Felix Mendelssohn Bartholdys Violinkonzert in e-Moll. Letzterem blickte ich allerdings mit einem gewissen Interesse entgegen, weil hier die schon erwähnte

Stargeigerin als Solistin eingeplant war.

Im Orchester waren die Streicher bereits fleißig dabei, ihre Instrumente zu stimmen, und der Konzertmeister stand mit gewichtiger Miene als Primus inter Pares vor seinen Mitstreitern. Irgendwann war es dann gut und die Musiker bezogen Position.

Jetzt kam der Maestro unter Applaus auf die Bühne. Er begrüßte den Konzertmeister mit Handschlag und nickte in die Runde seiner Musiker. Dann stieg er auf das Dirigentenpodest, fixierte seinen Stand durch einen Griff an die Reeling, drehte sich zum Publikum um und deutete eine Verbeugung an. Nach einem kurzen Beifall kehrte er dem Auditorium den Rücken zu und sorgte im Orchester für Konzentration. Auch im Saal wurde es still, und das Licht ging aus.

Als die ersten Klänge von Beethovens Ouvertüre ertönten, stellte ich fest, dass die Orchesteranordnung nicht dem konventionellen Muster entsprach. Die Instrumente, die im Halbkreis rund um den Dirigenten Position bezogen hatten, waren, von links nach rechts, die 1. Geigen, dann die Celli, die Bratschen, und erst am Schluss, die 2. Geigen. Dahinter die Bläser und die Pauke. Vier Kontrabässe standen in der letzten Reihe. Karin bestätigte meine Beobachtung und nickte anerkennend.

Ich hatte jetzt für eine geraume Zeit Muße, meinen Gedanken nachzuhängen. Die Innenarchitektur des großen Saales hatte ich schon bei früheren Gelegenheiten analysiert. Neues konnte ich nicht ausmachen. Also arbeitete ich an dem Textelement weiter, das ich vor unserer Abfahrt unvollendet zurücklassen musste. Tatsächlich kam mir eine Idee, die mir brauchbar erschien und die ich unverzüglich notierte.

Bei der Gelegenheit schaltete ich noch das Handy auf stumm und machte mich im Anschluss daran, die Ouvertüre auf harmonisch klingende Passagen abzugreifen. Aus Erfahrung wusste ich, dass Beethoven durchaus für Überraschungen gut ist und manchmal beeindruckend wohlklingende Sequenzen einzustreuen vermag. Leider klang dieses Mal nichts in mir an. Beethoven hatte dieses Stück wohl für feinsinnigere Naturen als mich komponiert.

Also konzentrierte ich mich auf die Bogentechnik der Streicher und die Arbeit des Dirigenten. Erstere war beeindruckend. Sowohl die Körper- und Armhaltung als auch die Bogenführung sprachen von Professionalität und Hingabe.

Der Maestro am Pult, ein über seiner Verantwortung in die Jahre gekommener Mann, war ein Anhänger der kleinen Bewegung, und manchmal konnte ich keinen unmittelbaren Zusammenhang zwischen dem Dirigat und der Reaktion seiner Musiker feststellen. Vor allem dann, wenn die minimalistischen Handzeichen von einem ruckartigen Zucken seines gesamten

Körpers komplettiert wurden, blieb der Meister ein Geheimnis für mich.

Die Ouvertüre endete mit großem Applaus, der Maestro verbeugte sich und ging ab. Das Orchester entspannte sich und ein Saaldiener trug einen Notenständer herein, den er zwischen das Dirigentenpult und den Konzertmeister platzierte. Nach kurzer Pause erschien der Dirigent erneut und wurde abermals beklatscht. Daraufhin wurde es still. Die Spannung stieg.

Dann erschien sie, die Königin des Abends. In ein bodenlanges rotes Etwas gehüllt schritt sie barfuss und mit über dem Kopf gehaltener Geige durch die Reihen der Gewöhnlichen und strebte zu ihrem Platz. Formvollendet küsste sie den Dirigenten und den Konzertmeister. Dann führte sie die Geige an ihren schlanken Hals und begann, ihr Instrument zu stimmen. Der Konzertmeister übernahm ihr A, das sie zuvor von der Oboe empfangen hatte und gab es an das Orchester weiter.

Während des Stimmvorgangs hatte sich die Solistin den übrigen Musikern zugewandt. Diese Gelegenheit nutzte der Dirigent, der mittlerweile wieder auf seinem umzäunten Arbeitsplatz stand, um ihren Notenständer von sich weg, in ihre Richtung zu schieben.

Nachdem sich die Solistin erneut umgewandt hatte, schob sie den Notenständer zurück an seinen alten Platz. Im Publikum kam verhaltenes Gelächter auf.

Als nun der Dirigent abermals die Chance ergriff, das Utensil von sich weg, in ihre Richtung zu schieben, entwickelte sich das Spiel zu einem Running Gag. Am Ende gewann die Solistin, die den Vorgang ohne sichtbare Reaktion erlebte.

Dann begann Patricia Kopatchinskaja ihr göttliches Spiel. Mit ungewöhnlich großem Körpereinsatz entlockte sie ihrer Geige das ganze Potential. Ihre Präsenz elektrisierte auch die übrigen Musiker und brachte den ganzen Klangkörper zum Vibrieren. Ich stellte mir vor, wie es wohl wäre, wenn sie ihr Instrument mit Melodien zum Klingen brächte, die auch mich erreichten. Selbst der Dirigent schien aufzublühen, sprühte vor Vitalität und ließ sich immer wieder zu großer Geste verführen.

Kopatchinskaja wirkte jugendlicher als die im Programmheft angegebenen neunundreißig Jahre, und sie schien ihren Auftritt als Show Act zu begreifen. Dem hatte sich auch die Musik unterzuordnen, die schneller und flüchtiger daherkam als gewohnt. Vielleicht lag es aber auch nur an unserer entfernten Sitzposition, dass man den Eindruck hatte, manche Töne seien auf dem Weg zum eigenen Ohr verloren gegangen.

Als das Stück zu Ende war, tobte das Publikum und die Schöne musste mehrfach zurück auf die Bühne. Der Dirigent und der Konzertmeister wurden nicht müde, sie zu umarmen, und ich hatte das Gefühl, dass auch sie diese Momente genoss. Nur der gut aussehende junge Mann, der ihr mit ausgestrecktem Arm die Blumen überreichte, wagte es nicht, ihre Wange zu berühren und ging ungeküsst von dannen.

Als Zugabe hatte sie sich etwas ganz Besonderes ausgedacht. In einer Art Sprech-/Hüpfgesang gaben sie, zwei weibliche Orchestermitglieder und der Dirigent, ein Vokalstück zum Besten, das unterhaltsam war, aber sicher nicht aus dem 19. Jahrhundert stammte. Das Publikum bedankte sich auch dafür mit großem Applaus. Dann ging das Licht an. Es war Zeit für die Pause.

Während der Pause versuchte ich Fragen, meine Eindrücke betreffend, aus dem Weg zu gehen, da ich mir noch keine für Fachleute tragfähigen Texte bereitgelegt hatte. Dafür blieb ausreichend Zeit während Beethovens Fünfter.

Also verwickelte ich Karls Frau in ein Gespräch und erkundigte mich nach dem Stand ihrer künstlerischen Aktivitäten. Kathy, eine gebürtige Amerikanerin, die mittlerweile zur Österreicherin konvertiert war, war nämlich eine herausragende Fotokünstlerin, die ich für ihre Arbeiten bewunderte und die zudem als studierte Germanistin einen kritischen Sinn für gute Texte hatte.

Als Karl kurz störend in das Gespräch eingriff, um meine Meinung zum Konzert abzufragen, wies ich ihn darauf hin, dass die Glocke bereits geläutet hätte und dass wir das nach dem Konzert in aller Ruhe besprechen könnten. Er gab sich damit zufrieden.

Mit dem finalen Gongschlag machten wir uns auf den Weg zu unseren Plätzen.

Die Musiker betraten ein letztes Mal die Bühne. Dann erschien, von Beifall begleitet, der Dirigent. Zusätzlich zur vorhergehenden Formation hatten sich nun auf der rechten Seite drei Posaunen mit unterschiedlicher Länge aufgebaut. Im hinteren Bereich konnte ich als Neuzugänge eine Pikkoloflöte und ein Kontrafagott ausmachen. Sonst war alles wie vorher. Nach einem kurzen Stimmvorgang ging das Licht im Saal wieder aus und es wurde still.

Als das vertraute *ba-ba-ba-bamm* einsetzte, fühlte ich mich zum ersten Mal an diesem Abend irgendwie heimisch. Ich kannte diese Symphonie schon seit meiner Kindheit, als mein Bruder sein erstes Tonbandgerät von Wien mitbrachte, wo er studierte, und es mit genau diesem Werk von Beethoven immer und immer wieder in Gang setzte.

Ich wusste auch, dass am Anfang des zweiten Satzes eine Stelle kommt, deren Harmonie mich erreicht. Ich begann mich wohl zu fühlen.

Während mein Blick träge über die Bühne schweifte, fiel mir der Posaunist mit der kleinsten Posaune ins Auge. Er saß, in Gedanken versunken, vornübergebeugt am Rand der Bühne und schraubte an seinem Gerät.

Er wirkte niedergeschlagen, so als würde gerade sein

ganzes trauriges Leben an ihm vorbei ziehen.

„Sicher", so dachte ich, „hat er einen miserablen Tag
hinter sich und würde jetzt lieber schreien oder auf ei-
nen Schuldigen einschlagen. Aber das kann er nicht. Er
kann nur sitzen und artig auf den 4. Satz warten, wäh-
rend sechzehnhundert Augenpaare auf ihn gerichtet
sind." Ich litt mit ihm.

Dann war sie da, die Erlösung, der 4. Satz, der Ziel-
punkt und die Krönung des Werkes und stimmte ein
gigantisches Jubellied an. Mein neuer Freund war Teil
dieses Jubels und verwandelte sich vor meinen Augen
schlagartig in einen anderen Menschen. Erst jetzt sah
ich, dass er groß und kräftig war und überhaupt nicht
mehr gebrochen wirkte. Er blies mit einer Inbrunst in
seine Posaune, dass man hätte meinen können, die An-
kunft des Herrn stünde unmittelbar bevor.

Mit ihm legte sich das gesamte Orchester noch ein-
mal ins Zeug und brachte das Stück mit Bravour zu
Ende. Als der Maestro die Hände senkte, setzte don-
nernder Applaus ein. Das Publikum raste.

Auch ich befand mich zum Ende der Veranstaltung
in positiver Stimmung und war glücklich darüber, dass
ich während Beethovens Fünfter doch noch das eine
oder andere Gefühl in mir verorten konnte.

„Ein gelungener Abend", sagte ich zu Karl, als er
mich fragte, wie mir das Konzert gefallen hätte. „Insbe-
sondere die Fünfte von Beethoven hat meine Erwartung

voll erfüllt. Felix Mendelssohn Bartholdys Violinkonzert fand ich etwas zu schnell gespielt und die Ouvertüre von Beethoven zu Beginn des Konzerts zeigte die große Klasse des Orchesters."

Karins Bemerkung, die den schönen, homogenen und weichen Streicherklang des Ensembles hervorhob, habe ich vorsichtshalber nicht übernommen. Ich glaubte, aus meinem Munde hätte das zu geschwollen geklungen.

Karl sah mich von der Seite an und schien über meine Worte nachzudenken. Erst dachte ich, dass er beeindruckt war. Dann aber fragte er: „Hast Du nach all den Jahren mit Karin noch immer die gleiche Distanz zu dieser Art von Musik?"

„Ja, ohne Frage", sagte ich, ohne zu zögern.

„Aber Du verstehst doch mittlerweile von Klassik viel mehr als früher."

„Das stimmt, aber sie erreicht mich nicht."

In Wirklichkeit war es nicht so, wie ich sagte, denn es gab sehr wohl Momente während meiner Konzertbesuche, die ich sehr genoss. Es gab Komponisten wie Schostakowitsch oder Dvořák, die auch für mich fühlbare, wunderbare Werke geschaffen haben. Aber ich hätte sie in diesem Augenblick nicht beim Namen nennen können.

Nach einer langen Pause, während der wir, ohne zu reden, am See entlang Richtung Innenstadt gingen, fragte er mich, was ich denn so bevorzuge, wenn ich Musik höre.

Auf Anhieb fielen mir Namen wie Johnny Cash, Merle Haggard, Kris Kristofferson, Willie Nelson, Ray Charles, Eric Clapton und Neil Diamond ein. In der Tat ist es so, dass mir das Herz aufgeht, wenn ich diese alten Knaben höre. Sie versetzen mich in eine Zeit, in der ich noch jung und leidenschaftlich war, und sie bringen mir meine Zeit in Amerika zurück, in Texas und in Kalifornien.

Karl sagte, er würde die Namen kennen und erzählte mir, dass seine Söhne ihm Neupressungen von Johnny Cash zu Weihnachten geschenkt hätten. Mühelos listete er weitere Größen dieser Zeit auf, die er auf unterschiedlichen Medien im Zugriff hätte.

Wir beschlossen, in nächster Zukunft einen Abend mit dieser Art von Musik zu organisieren. Mit einem frisch gezapften Augustiner besiegelten wir den Plan.

Es war ein schöner Abend; nicht zuletzt weil die Gesellschaft stimmte und ich wieder einmal vor der Tür war. Auch wenn ich nie ein begeisterter Klassikfan sein werde, so habe ich doch unter den Musikerkollegen von Karin eine Reihe von Menschen kennen gelernt, die ich für wertvoll halte und mit denen ich gerne Zeit verbringe.

Ich bin sicher, ihnen geht es mit mir genau so.

Il Saggio - Der Weise

Im Frühjahr des Jahres 1982 besuchte ich in Rom einen Kongress, der in einem riesigen, fensterlosen Saal im Untergeschoss eines Hotels stattfand. Der Redner, der gerade die Bühne betreten hatte, war dazu verdammt, die erste Rede nach einer opulenten italienischen Mittagspause zu halten.

Im Auditorium saßen an die fünfhundert Zuhörer, IT-Manager aus den USA und Europa, deren Aufmerksamkeit im Keller war. Der Verdauungsprozess forderte Körper und Geist zu einhundert Prozent.

Dazu kam, dass das Thema, welches der Redner zu bewältigen hatte, äußerst trocken war. Mithilfe statistischer Zahlenreihen sollte er die Entwicklung des Einsatzes der Elektronischen Datenverarbeitung in der öffentlichen Hand aufzeigen und daraus Marktpotentiale für die nahe Zukunft ableiten.

Mir tat der Mann leid, denn ich glaubte aus eigener Erfahrung als Redner zu wissen, dass das eine unlösbare Aufgabe war.

Der Vortragende, ein Amerikaner, groß und grau meliert, trat an das Rednerpult und bat die Regie, das Licht im Saal zu löschen.

Dann sagte er in die Dunkelheit hinein: „Ich weiß, dass es für Sie als Zuhörer schwer ist, mir jetzt, nach

63

dem Mittagessen, in mein Thema zu folgen. Deshalb werde ich Ihnen zuerst eine Geschichte erzählen. Wenn die zu Ende ist, wird das Licht wieder angehen, und Sie werden mit allen Sinnen bei mir sein."

Dann legte er los.

· · · · ·

In Sclafani Bagni, einem sizilianischen Bergdorf am westlichsten Punkt der Madonien, einer Gebirgskette im Norden von Sizilien, lebte vor vielen Jahren ein sehr alter Mann, den die Dorfbewohner voll Ehrfurcht *il saggio*, den Weisen, nannten.

Von ihm wurde erzählt, dass es keine Frage gäbe, die er nicht in der Lage wäre zu beantworten, und wenn die Dorfältesten einen Rat brauchten, suchten sie ihn auf, um seine Meinung zu hören.

Für Gaetano, den Sohn des Dorfvorstehers, war der alte Mann eine ständige Herausforderung. „Wie", so fragte sich der rabenschwarze Lockenkopf, „kann ein greiser Mann, der nicht einmal sein genaues Alter kennt und der nie weiter fort gekommen ist als bis Caltavuturo, so weise sein, dass alle anderen mit dem, was sie über das Leben wissen, neben ihm verblassen?"

Auf der Feier zu seinem fünfzehnten Geburtstag kam er, zusammen mit seinem Freund Concetto und Malena, der Tochter des Händlers, auf die Idee, den alten Mann einer Prüfung zu unterziehen. Er wollte ihm eine Frage stellen, die auch der weiseste Mann nicht beantworten kann und damit seinen Zauber brechen.

Sie vereinbarten, sich gleich am nächsten Tag um Punkt elf Uhr vor der Chiesa di San Giaccomo zu treffen und dem Alten einen Besuch abzustatten. Sein Haus lag nur einen Steinwurf von der Kirche entfernt.

Die Fragen, die Gaetano ihm stellen sollte, hatten sie vorher gemeinsam besprochen, und Concetto und Malena sollten als Zeugen für den Gesprächsverlauf fungieren.

Kurz nachdem Gaetano den Türklopfer betätigt hatte, hörten sie im Inneren des Hauses Schritte näher kommen. Die vergitterte Klappe in der wuchtigen Holztür öffnete sich schreiend wie ein Esel. Offenbar waren die Scharniere schwergängig geworden.

Dann erschien der Kopf des Alten in der Öffnung, und seine wachen Augen schauten die Besucher neugierig und freundlich an. Keine Spur von Misstrauen, mit dem alte Menschen oft auf Unerwartetes reagieren.

Il saggio erkannte die drei sofort und bat sie freundlich einzutreten. „Gaetano, Malena, Concetto, was führt Euch zu mir? Was kann ich für Euch tun?" Er freute sich sichtlich über ihren Besuch.

Gaetano erzählte ihm von ihrer Absicht und fragte ihn, ob er sich ihrer Prüfung stellen würde. Der lachte kurz auf und stimmte zu.

„Aber natürlich. Lasst hören, was ihr euch ausgedacht habt, um mich zu überführen. Ich kann es nicht erwarten."

Der Junge, der in der Zwischenzeit, unbemerkt von den anderen, einen kleinen Kieselstein in seine rechte Faust genommen hatte, fragte ihn: „Was habe ich in der rechten Faust, alter Mann?"

Der legte den Kopf leicht zur Seite. Dann antwortete er: „Ich glaube, es ist ein Kieselstein."

Der Junge bestätigte anerkennend die Richtigkeit der Antwort. Der Alte entschuldigte sich und verließ für einen Moment den Raum.

Gaetano nutzte dessen Abwesenheit, um den kleinen, bunt schillernden Vogel, den er aus dem Käfig seiner Mutter genommen hatte, in die linke Hand zu nehmen und umschloss ihn vorsichtig mit den Fingern, sodass er nicht mehr zu sehen war.

Der Alte kam wieder zurück und wartete geduldig auf die nächste Frage.

„Nun, alter Mann", fragte der Junge, „was habe ich in der linken Hand?" Der dachte dieses Mal länger nach, und sein Blick verlor sich irgendwo an der Zimmerdecke. Dann antwortete er abwesend mit leiser Stimme: „Ich sehe ein Vögelchen."

Gaetano nickte gleichermaßen verwundert und bestätigend. Er und die anderen Beiden hatten keine Erklärung für die richtigen Antworten des Weisen. Vielleicht hätte er ja noch sehen können, wie Gaetano das Steinchen aufgehoben hatte, aber das Vögelchen hat der Junge erst aus der kleinen Transportschachtel genommen, als er mit seinen beiden Freunden allein im Raum war.

Sie mussten also ihre letzte Karte spielen, und für diesen Fall gab es einen todsicheren Plan.

Gaetano würde dem Alten die Frage stellen, ob das Vögelchen in seiner Hand lebendig sei oder tot.

Wenn er antworten würde, es sei tot, würde der Junge die Hand öffen und es fliegen lassen. Lautete die Antwort aber, es sei lebendig, würde Gaetano seine Faust zusammendrücken und das Vögelchen zerquetschen.

Il saggio wartete ruhig auf die nächste Frage und schaute die Kinder schweigend an. Gaetano richtete sich auf und streckte dem Weisen die geschlossene Faust entgegen.

„Was meinst du, alter Mann," fragte er jetzt mit aufgeregter Stimme, „ist das Vögelchen in meiner Hand tot oder lebendig?"

Die Miene des Alten wurde ernst und er nahm seinen gesenkten, kahlen Schädel zwischen die mit Altersflecken übersäten, langgliedrigen Hände.

Nach einem Augenblick des Nachdenkens hob er den Kopf und sein Lächeln kam zurück. Er schaute Gaetano direkt in die Augen. Dann sagte er leise:

„Das liegt alles in deiner Hand."

. . . . .

Als die Geschichte vorbei war, wartete der Redner noch eine kurze Weile. Dann gab er Anweisung, das Licht wieder einzuschalten.

Im Saal saßen fünfhundert zu Kindern gewordene Führungskräfte und sahen mit großen Augen auf den Magier. Dann erhoben sie sich wie auf Kommando und spendeten Standing Ovations.

Der nachfolgende Vortrag wurde als das absolute Highlight der dreitägigen Veranstaltung bewertet.

Ich habe diese Geschichte während meiner Laufbahn noch hunderte Male erzählt und sie dazu benutzt, die ungeteilte Aufmerksamkeit meiner Zuhörer für mich und mein Thema zu bekommen. Ich wurde nicht ein einziges Mal enttäuscht.

An den Namen des Redners kann ich mich leider nicht mehr erinnern. Das ist sehr schade, denn ich habe ihm unendlich viel zu verdanken.

Das Meerspiel

Meine Stimmung war auf dem Nullpunkt.

Warum konnte es mir nicht gelingen, meinem Sohn plausibel zu machen, dass meine Erfahrungen ihm bei der Bewältigung seines Problems helfen könnten? War ich für ihn nur ein Geräusch aus einer vergangenen Zeit? Warum traute er wildfremden Leuten mehr als mir, seinem eigenen Vater?

Er hat ja recht, wenn er sagt, dass ich sein Leben nicht leben kann und er nicht meines, aber er könnte doch wenigstens versuchen, eine Abkürzung zu nehmen, indem er aus Fehlern lernt, die ich schon lange vor ihm gemacht habe. Warum muss jeder Mensch durch seine eigene Hölle gehen? Versuche ich nur, mir den Schmerz des Zuschauens zu ersparen?

„Du musst deine Gedanken in den Moment bringen." beschwor ich mich.

„Wenn du im Jetzt bist, kannst du nicht woanders sein und dir einen Kopf machen. Du musst alle deine Sinne aktivieren und das Leben fühlen. So wie es in diesem Augenblick ist. Und du musst verstehen, dass die Sorgen, die du seinetwegen herumträgst, deinem Buben keinen Meter weiterhelfen. Du belastest ihn nur zusätzlich, wenn du diese diffusen Ängste nicht für dich behalten kannst!"

Wie oft habe ich mir diese klugen Worte schon vorgesagt? Und so richtig sie waren, so unfähig schien ich, sie umzusetzen. Aber ich musste es lernen, wenn ich nicht wahnsinnig werden oder ihm gar schaden wollte. Jetzt!

Ich saß auf einer Bank auf der Mole des Bregenzer Yachthafens, die, wie die anderen Bänke, mit Blick Richtung Westen ausgerichtet war. Bewusst versuchte ich wahrzunehmen, was mich umgab.

In meinem Nacken spürte ich die wohltuende Wärme der aufgehenden Sonne. Vor mir lag der See, der hinter dem ausgefransten Schilf bis zum Horizont reichte. Ein leichter Wind spielte mit den Blättern des schmächtigen Bäumchens, das direkt neben der Bank in dem kiesigen Boden wurzelte.

In der Luft flogen Möwen schreiend ihre Runden, und ein Entenpaar ließ sich einträchtig auf dem Wasser treiben. Die Boote, die im Hafen lagen, ächzten mit jeder Bewegung, mit der sie dem Gang der Wellen folgten. Es roch nach modrigem Schwemmholz.

Gerade als meine Gedanken wieder dabei waren, mich einzuholen, stand plötzlich ein alter Mann vor mir und musterte mich neugierig mit seinen tief liegenden, dunklen Augen, die von buschigen, schneeweißen Brauen beschattet wurden.

So wie er mich ansah, saß ich entweder auf seinem angestammten Platz oder irgendetwas an mir veranlasste ihn, sich zu fragen, ob mit diesem seltsamen und mürrisch dreinblickenden Zeitgenossen, den er da vor sich hatte, alles in Ordnung sei. Dann lächelte er mich an und zeigte mir dabei eine Reihe unregelmäßig gewachsener Zähne, in deren Mitte eine beeindruckende Lücke klaffte.

„Ist da noch frei?" fragte er und wies mit seiner Hand auf den Platz neben mir.

„Ja, schon", meinte ich, nicht eben freundlich, und versuchte, ihn mit einem Blick auf die zwei leerstehenden Bänke neben mir davon abzuhalten, sich gerade hier niederzulassen.

Er ignorierte meinen Abwehrversuch und machte Anstalten, sich zu setzen.

Unwillig rutschte ich zur Seite.

Der Alte war klein, vielleicht einssechzig, zaundürr und hatte einen gebeugten Rücken. Vorsichtig ließ er sich, mit sicherem Abstand zu mir, auf der Bank nieder. Dabei presste er seine Hände neben sich auf die Sitzfläche und versuchte wohl so, seinen maroden Rücken zu entlasten. Dann lehnte er sich langsam zurück und tat ein paar tiefe Atemzüge.

Meine Ruhe war fürs Erste einmal dahin, aber bei dem, was mir zuvor an wirren Gedanken durch den Kopf gegangen war, hatte diese Störung auch ihr Gutes. Der alte Mann konnte nun wirklich nichts für mein Dilemma. Ich versuchte, mir ein freundlicheres Gesicht aufzusetzen.

Er muss mein mentales Einlenken bemerkt haben und sah offensichtlich keinen Grund, die Schweigephase zwischen uns weiter auszudehnen. Neugierig, wie er war, wollte er zunächst verstehen, wer ich denn sei und wo ich herkomme.

Meine Selbstdarstellung kam schleppend in Gang, aber ich glaube, er war zufrieden.

„Also ein Exilmontafoner", fasste er zusammen, „der nach vierzig Jahren im Ausland im Vorarlberger Unterland vor Anker gegangen ist."

Besser hätte ich es nicht sagen können.

Nachdem das geklärt war, kam er auf sich zu sprechen und erzählte mir, dass er hier schon als Kind gesessen hätte und das Haus seiner Eltern nur unweit von hier gestanden sei.

„Ich mag diese Ecke", sagte er. „Früher waren da noch kein Bootssteg und keine Bänke. Dafür gab es einen langen, flachen Strand, an dem wir Kinder uns gefahrlos aufhalten konnten, und der See und der kiesige Boden lieferten das Material für unsere Bauvorhaben."

Er sagte, dass sie hier in den Ferien bis zum Einbruch der Dunkelheit bleiben durften und dass der Tag oft mit einem Lagerfeuer geendet hätte.

Auf meine Frage, ob sie denn viele Kinder gewesen seien, antwortete er nicht. Er schien sie nicht gehört zu haben und erzählte einfach weiter.

„Wenn die Kinder, deren Eltern mehr Geld hatten als meine, lieber ins Strandbad gegangen sind, bin ich oft alleine hier gewesen. Am liebsten habe ich mich dann auf den Boden gehockt und an diesen Stein gelehnt."

Er zeigte mit seinem krummen Zeigefinger auf einen riesigen Findling, der rechts hinter uns unter den Bäumen stand.

„Dabei habe ich die Augen geschlossen und das Meerspiel gespielt".

Als er meinen fragenden Blick bemerkte, zog er die Augenbrauen kurz hoch und fuhr voller Andacht fort:

„Dieses Spiel habe ich erfunden. Ich besaß nämlich eine Muschel, die war größer als meine rechte Hand. Wenn man sie ans Ohr hielt, konnte man ganz deutlich das Meer rauschen hören.

Dabei habe ich mir vorgestellt, dass ich in Italien an einer Mauer am Strand lehne und alles vor mir sehe: die Weite des Meeres, die eleganten Damen beim Flanieren, die glänzenden Cabrios auf der Uferstraße und die Ristorantes mit den bunt gedeckten Tischen. Ich kannte diese Bilder aus den Illustrierten, die meine Mutter manchmal von der Arbeit mitgebracht hatte. Später, so habe ich mir vorgenommen, wollte ich für immer am Meer wohnen."

Auf meine Frage, ob er diesen Traum verwirklichen konnte, schüttelte er den Kopf.

„Nein, ich bin nie dort gewesen. Immer waren andere Dinge wichtiger. Erst war da die Arbeit, dann kamen die Kinder und dann wollten meine Frau und ich auch nicht mehr weg von Zuhause. Und so sitze ich an manchen Tagen hier am Hafen und träume wie das Kind von damals."

Er lächelte verlegen, als ob er sich dafür schämte und sank etwas in sich zusammen.

„Und woher hatten Sie die Muschel?", fragte ich so laut, dass er die Frage diesmal nicht überhören konnte und sich mir überrascht zuwandte.

„Die Muschel? Die habe ich von den Leuten bekommen, bei denen meine Mutter geputzt hat. Sie haben sie mir von einem Urlaub mitgebracht."

Seine Augen fingen plötzlich an zu leuchten, und der gebeugte Körper richtete sich wieder auf.

„Ich war das einzige Kind, das so eine Muschel besaß, und wenn ich die anderen einmal hinein hören ließ, mussten sie mir dafür im Tausch etwas geben. In diesen Momenten hatte ich das Gefühl, etwas Besonderes zu sein."

In der Gesprächspause, die jetzt entstand, glaubte ich das Kind zu erkennen, das der Alte einmal war. Seine fast geschlossenen Augen und sein nach hinten geneigter Kopf signalisierten, dass er mit seinen Gedanken zurück in dieser Zeit war, und ich hütete mich etwas zu sagen, um ihn nicht aus seinem Traum zu holen.

Unvermittelt richtete er sich auf und wandte mir seinen Blick zu.

„Vor ein paar Tagen wollte ich die Muschel meinem Urenkel zum Geburtstag schenken", sagte er. „Ich bin mit ihm hier her zu meinem Stein gekommen und habe ihm alles von damals erzählt. Ich habe ihm meine Fantasien in den schönsten Farben geschildert und ich war überzeugt, dass er sogar das Meer hat riechen können. Dann habe ich ihm die Muschel ans Ohr gehalten und gewartet, dass er reagiert."

Der Alte hielt kurz inne und fuhr nach einem tiefen Schnaufer fort: „Aber die Reaktion war nicht so, wie ich sie erwartet hatte. Er fand meine Geschichte überhaupt nicht spannend, und er sagte auch, er könne das Meer in der Muschel nicht hören. Als ich ihm die Muschel in die Hand drückte und ihn ermunterte, es selbst noch einmal zu versuchen, winkte er nur ab.

Das mit dem Meer würde ich mir nur einbilden, hat er zu mir gesagt und mich dabei so mitleidig angeschaut wie einen, der halt aus der Zeit gefallen ist und nicht mehr weiß, was er redet. Das Rauschen käme aus meinem Kopf, nicht aus dem Meer, hat er noch gemeint und mir die Muschel zurückgegeben."

Mein neuer Bekannter machte eine lange Pause und über seine faltige Wange rollte eine Träne. Verlegen wischte er sie mit dem Handrücken ab.

„Da habe ich die Muschel halt wieder an mich genommen und ihm dafür ein paar Euro gegeben. Die hat er gerne genommen. Auf dem Rückweg nach Hause hatte er die Muschel schon wieder vergessen und mir von einer neuen App erzählt, die er sich auf seinem Handy herunter geladen und wie viele Leben er noch in seinem Dschungelspiel übrig hätte.

Natürlich habe ich nur Bahnhof verstanden, aber ich wollte ihn nicht fragen, was das mit der App und seinem Spiel auf sich hat. Er hatte sich ja auch nicht für meine Geschichte mit dem Meerspiel interessiert.

Beleidigt und trotzig war ich; wie ein kleines Kind, dem man nicht ausreichend Beachtung geschenkt hat. Ihm ist das überhaupt nicht aufgefallen und er hat den ganzen Weg ohne Pause weiter geredet.

Als wir dann abends beim Essen saßen und ich seiner Mutter von unserem Tag erzählte, meinte sie, wie schön es sei, dass wir Beide uns so gut verstünden.

Sie sagte, wie stolz der Kleine war, dass er mir das mit der Muschel erklären konnte und dass er sich vorgenommen hätte, in Zukunft besser auf mich aufzupassen, damit mir nicht wieder irgendjemand etwas andreht, was in Wirklichkeit gar keinen Wert hat. Er wollte mir auch seine Spielekonsole erklären. Die sei babyleicht zu verstehen.

Mir dämmerte nach dieser Rede, wie dumm ich reagiert hatte und welches Geschenk der Kleine für mein Leben ist. Kleinlaut bin ich in sein Zimmer gegangen und fand ihn beschäftigt inmitten seiner Sachen."

„Kannst du mir das mit den mehreren Leben in deinem Spiel einmal erklären?", fragte ich ihn. „Das ist ganz einfach", meinte der Kleine und holte weit aus mit seinen Ausführungen. „Wenn ich dann mit einer Frage nachfasste, anwortete er geduldig und versuchte sicher zu stellen, dass ich auch alles wirklich verstanden hatte.

Wir knieten nebeneinander auf dem Boden vor seiner Konsole und ich war glücklich wie ein Kind. Hätte mein Rücken sich nicht zu Wort gemeldet, hätte ich in diesem Augenblick einfach so bleiben können."

Dann schwieg der Alte wieder und schloss für einen Moment die Augen.

Ich dachte an meinen Sohn und meine Probleme von heute früh und ich war dankbar für das eben Gehörte. Ohne mich meinem Banknachbarn gegenüber zu erklären, habe ich eine Lektion gelernt.

Wir sind nur Gast im Leben unserer Kinder. Sie haben ein Recht auf ihr eigenes Leben und ihre eigenen Erfahrungen. Sie leben in ihrer Welt, so wie wir in unserer Welt leben und sie werden ihren Weg gehen, so wie wir unseren gegangen sind und dies immer noch tun.

Sie werden Fehler machen, so wie wir Fehler gemacht haben, und sie werden daraus lernen, so wie wir daraus gelernt haben. Nur auf diese Art und Weise erringen sie auch ihre eigenen Siege und kriegen den Wind unter die Flügel, der sie weit genug trägt.

Mir wurde plötzlich klar, dass ich meinen Sohn mit meinen Ängsten nur schwäche. Wenn ich ihm wirklich helfen wollte, musste ich ihm zeigen, dass ich an ihn glaube und ihn in seinem Vertrauen in die eigene Kraft und in das Leben bestärken. Und ich musste da sein für den Fall, dass er meinen Rat einmal suchte.

Das Zuschauen auszuhalten, das war mir klar, würde die härteste Übung werden.

„Da bist du ja!" hörte ich eine Kinderstimme vom Weg her rufen. „Wir wollten doch noch zusammen ein Eis essen gehen."

Ein kleiner Blondschopf kam um die Ecke gebogen und zog seinen Urgroßvater mit beiden Händen in die Vertikale.

„Ist das ein Freund von dir", fragte er mit Blick auf mich.

„Ja, das ist ein Freund. Ich habe ihm von dir erzählt."

Das Kind war mit dem Kopf schon wieder woanders und zerrte ungeduldig an der Hand des Alten. Der schenkte mir noch ein letztes freundliches Nicken und zuckte mit den Schultern.

„Kinder halt," meinte er und hob zum Abschied die Hand.

Als die Beiden die Mole entlang gingen, sah ich ihnen nach. Sie wirkten wie zwei verschworene Freunde.

Der Kleine erzählte seinem Uropa aufgeregt, ohne dass ich etwas verstanden hätte, und der Alte ging schweigend neben ihm her. Seine rechte Hand hatte er auf die Schulter des Buben gelegt.

Kurz danach waren sie aus meinem Blickfeld verschwunden.

Blumen für die Helden

Die Kreuzgasse in Tschagguns wirkte an diesem Vormittag unwirtlich und dunkel. Die Wolken hingen herunter bis zur Lochmühle, und es regnete ohne Unterbrechung. Ein böiger Wind trieb die letzten braunen Blätter vor sich her, und beim SPAR zerrten die Plakate mit den Sonderangeboten an den Klebestreifen.

Ich kam gerade von der Gemeinde, wohin ich eine weitere Tranche meines Erstlingswerks „Zälfabüabli" geliefert hatte.

Der hiesige Bürgermeister hatte sich vor zwei Jahren bereit erklärt, das Buch über das Gemeindesekretariat zu verkaufen; zum einen, weil es ausschließlich von Tschagguns handelte, und zum anderen, weil es im Ort keine Buchhandlung gab.

Ich hatte Lust auf eine Leberkäsesemmel und ging in den Laden, um mich zu versorgen.

Vor dem Kühlaggregat mit den Molkereiprodukten stand ein kleiner, schmächtiger Mann und beugte sich über eine Milchflasche, die er aus dem Regal herausgefischt hatte. Ganz offensichtlich versuchte er, das Haltbarkeitsdatum zu entschlüsseln, was ihm bei der spärlichen Beleuchtung nicht auf Anhieb gelang.

„Ja Hergottsackerment", herrschte er sich in tiefstem Montafoner Dialekt an, „das wirst Du jetzt gerade noch lesen können!" An der energischen Stimme erkannte ich ihn wieder. Es war ein alter Bekannter aus meiner Kindheit.

Auch er wusste gleich etwas mit meinem Gesicht anzufangen und fragte, was ich denn bei diesem Sauwetter in meiner alten Heimat mache. Ich klärte ihn über meine Geschäfte auf und er verstand die Bedeutung meiner Mission.

Wir palaverten über das Wetter und die Gesundheit und natürlich über das Alter. Er sei schon fast neunzig, hat er gesagt. Seine Augen waren wach und freundlich und hinter der faltigen Haut seiner Stirn wohnte noch immer der Schelm, der er früher einmal war.

Eigentlich, so dachte ich, hat er sich überhaupt nicht verändert seit damals, als ich noch ein kleiner Bub und er eine wichtige und bekannte Persönlichkeit in der Gemeinde war.

„Nur das mit den Frauen ist so eine Sache, wenn man älter wird", meinte er unvermittelt. „Jeden Abend bete ich zu Gott, dass er mir jetzt, wo er mir das Können genommen hat, auch noch das Wollen nehmen möge."

Er grinste wie ein Schulbub und belegte die These, dass die Vorstellungskraft der Männer in diesem Punkt nie stirbt.

Dann kamen wir auf seine Frau zu sprechen. Ich wusste, dass sie schon seit Jahren schwer krank war und erkundigte mich nach ihrem Befinden.

Es war, als ob jemand plötzlich das Licht in ihm aus-
gelöscht hätte. Er wirkte noch kleiner als vorher und
erzählte mir, dass sie gar nicht mehr zuhause sei.

„Zu ihrer Krankheit ist jetzt auch die Demenz dazu
gekommen. Obwohl sie lebt, ist sie irgendwie nicht
mehr da."

Sie war seit einiger Zeit in einem Pflegeheim unter-
gebracht.

Während ich versuchte, ein paar Worte des Bedau-
erns zu finden, kam das Leuchten in seinen Augen
wieder, und der gebückte Körper richtete sich auf. Die
abrupte Bewegung hätte beinahe sein Hütchen, das er
immer trägt, zu Fall gebracht.

„Weißt Du, wer die wahren Helden sind in unserer
Zeit?", fragte er und gab sich gleich selber die Antwort:
„Es sind die Pfleger und Pflegerinnen in den Heimen.
Blumen müsste man ihnen bringen, jeden Tag. Und
hinknien müsste man vor sie und Danke sagen!" Zur
Unterstützung des Gesagten nickte er heftig mit dem
Kopf.

Ich pflichtete ihm rückhaltlos bei, denn ich wusste,
wovon er sprach.

Auch meine Eltern hatten in den letzten Monaten
ihres Lebens die Hilfe dieser Engel erfahren und wir
Kinder, die wir damals allesamt in München lebten,
wussten sie in guten Händen.

Als ich anfangen wollte, davon zu erzählen, fiel ihm

ein, dass er noch ein Brot braucht, und er ließ mich stehen, um gleich darauf mit der Verkäuferin zu schäkern.

Plötzlich nahm er den Kontakt mit mir wieder auf und rief quer durch den Laden, dass ich die Karin noch schön grüßen soll und dass er hofft, dass sie demnächst ihre Geige dabei hätte, um mit ihm zu musizieren.

Er war ein großer Musikus und Unterhalter, und die Beiden hatten sich anlässlich eines Fotoshootings, bei dem er für uns als Modell posierte, zum Musizieren verabredet.

„Ich werde es ihr ausrichten", rief ich zurück. „Wenn die Deinen Ruf hört, gibt es sicher kein Halten mehr."

An der Kasse winkte ich noch einmal in seine Richtung. Dann verließ ich den Laden.

Die Blumen und die Dankbarkeit, die aus ihm gesprochen hatte, reichte ich über ein Posting im Netz an die Helden und Heldinnen weiter.

„Wer weiß," fragte ich mich, „ob der volle Terminkalender meines alten Bekannten es ihm je erlaubt hätte, die Blumen persönlich vorbeizubringen und bei der Gelegenheit seinen Dank auszudrücken."

Wie ich erfahren habe, haben sich die, die gemeint waren, auch so riesig über die Anerkennung ihrer Leistung gefreut.

Für Dich

Von allem, was mich morgens in den Tag zurück ruft,
bist Du meine lauteste Stimme.
Von allem, was mich tagsüber am Leben hält,
bist Du mein wichtigster Grund.
Du hast mir beigebracht, wieder zu sehen,
deine Augen, dein Lachen und deinen Mund.
Ich fühle die Luft und rieche die Erde
und spüre: Ich atme! Wie lang ist das her?
Nur der Gedanke an die vergeudete Zeit,
macht mir das Herz manchmal schwer.

Der liebestolle Wälder

Ein Wälder*) schleicht nachts durch den finsteren Tann.
Ihm wäre nach einer Gespielin.
Ihn schmerzt das Gemächt, er röhrt wie ein Hirsch.
Es ist des Huberwirts Quirin.

Aus dem Unterholz tritt stolz eine Hirschkuh hervor
und sucht nach der Quelle der Töne.
Doch sie sieht nur den Quirin, der kann´s wohl nicht sein.
Sie weint vor Enttäuschung, die Schöne.

Auch ihr wäre heute nach Liebe gewesen
in dieser mondhellen Nacht.
Wie gerne hätte sie dem Hubert, dem Hirsch,
ein Kitzlein zur Welt gebracht.

Der Quirin erkennt der Hirschkuh ihr Leid
und trocknet ihr Träne um Träne.
Er entschuldigt sich, dass er so lustvoll geröhrt,
sagt ihr, dass er sich aufrichtig schäme.

Da schaut sie ihn an und reibt ihren Kopf
ganz liebevoll an dem seinen.
„Das macht doch nichts", sagt sie ganz leise zu ihm,
„der Mond wird wieder mal scheinen."

Der Quirin geht heim und erzählt seiner Frau,
was ihm dunklen Tann heut geschah.
Die schaut ihn lieb an und streicht über sein Haar.
Dann tun sie, wonach ihm so war.

*) *Männlicher Bewohner des Bregenzerwaldes in
Vorarlberg*

Erika

Als Erika starb, ging auch ein Teil unseres Lebens,
kein großer, nein, so vertraut waren wir nicht.
Aber wenn wir uns trafen oder auch nur mal winkten,
war sie eine Quelle von Freude und Licht.

Dieses Licht werden wir sicher in Zukunft vermissen,
ihre lachenden Augen, gemeinsame Zeit.
Doch denkt man an sie, ist es auch schön zu wissen,
dass ihr Gehen ein Sieg war über Krankheit und Leid.

Da wo sie jetzt ist, hat sie hoffentlich Frieden
und wird bald schon eins sein mit der großen Magie.
Und wenn sie dann ausgeruht ist, wieder bei Kräften,
kommt ein Kind auf die Welt, das leuchtet wie sie.

An Engili

Of am Weg of a Pfänder hon ich an Engili gsaha.
Es hot gläsa in ama schneewießa Buach.
Ganz rüabig bin i vors ahi gstanda
und hon to, wia wenn i grad eppas suach.

Of emol hot´s langsam si Köpfli g´hoba
es hot mi aglächlat, efach aso.
Denn abr hot´s wödr ds Buach z´handa gno
und witrgläsa, als wer ich net do.

Well i´s net lenger störa hon wella,
bin ich wädli of da Zeba davo
und hon denkt, wenn do im Wald Engili wohnen,
ka´s om d´Brägazer net so schlächt stoh.

*Dieses Gedicht in Montafoner Mundart erzählt von einem
Mann, der auf dem Weg auf den Pfänder, den Bregenzer Haus-
berg, an einer Engelsfigur vorbeikommt, die ein Kind in eine
Baumwurzel gesetzt hat. Das Engelchen liest in einem weißen
Buch. Dem Wanderer ist für einen Moment, als ob es ihn ange-
lächelt und dann wieder weitergelesen hätte. Auf Zehenspitzen
macht er sich davon, um es nicht weiter zu stören. Am Ende
meint er noch, dass es um die Bregenzer wohl nicht so schlecht
stehen könne, wenn in ihrem Wald Engel wohnen.*

Für meinen Engel

Als ich noch ein Kind war, glaubte ich, es gibt Engel.
Ich war mir ganz sicher, sie passen gut auf mich auf,
auf den neugierigen Buben, den kleinen Schisser,
der sich trotz voller Hosen manchmal was traut.

In meinen Gedanken konnten sie fliegen.
Sie waren ganz nah bei mir, allzeit bereit.
Im Schlaf sah ich sie, wie sie mich wiegen.
Im Traum flogen wir oft weit durch die Zeit.

Älter geworden, verlor ich sie aus den Augen.
Ich habe nicht einmal mehr an sie gedacht.
Ich fühlte mich stark, auch ohne die Engel,
meine Nächte habe ich traumlos verbracht.

Es kamen die Jahre, die Grenzen aufzeigen.
Mein Weg ging öfter auch mal steil bergab.
Mein Wille konnte das Schicksal nicht beugen.
Ich wurde leiser und schwächer, von Tag zu Tag.

Dann kamst irgendwo her Du in mein Leben
und nahmst mich genauso wie ich halt war.
Du hast meinem Leben wieder Richtung gegeben,
und mein Blick auf die Dinge wurde ganz klar.

Nach all diesen Jahren mit dir an der Seite,
glaube ich wieder an Engel. Du musst einer sein.
Warum solltest du sonst so viel für mich tragen?
Als Mensch wärst du dafür zu schwach und zu klein.

Du hast keine Flügel wie meine Engel von früher.
Was dich fliegen macht, sind Vertrauen und Mut.
Was mir Boden gibt, ist deine unendliche Liebe
und dein beharrliches Credo: Alles wird gut!

Das Grab meiner Eltern

Das Grab meiner Eltern hat freie Sicht auf die Berge.
Über Nüziders thront der Schillerkopf auf seinem Podest.
Ein Bild vor dem Grabstein zeigt beide zusammen,
vereint und glücklich, sie halten sich fest.

Ich bin manchmal hier und schau nach dem Rechten,
ob die Pflanzen noch leben, ob das Wasser noch reicht,
und dann kommen Bilder von ganz weit innen,
die deutlich machen: die Zeit verstreicht.

Diese Bilder werden von Jahr zu Jahr blasser.
Die Erinnerung tut sich zunehmend schwer.
Irgendwann weiß man nur noch, sie sind gewesen
und vieles, was wichtig war, ist einfach nicht mehr.

Da wo sie lebten, sind die Bilder noch frischer.
Manche Bank, mancher Platz trägt Erinnerung bei.
Auch wenn ihre Freunde manchmal erzählen,
sehe ich sie vor mir, oft lachen die zwei.

Ob sie jetzt noch zusammen sind, zusammen fliegen,
ob ihre Seelen frei sind und glücklich im Wind,
ob sie noch wissen, dass sie jemals waren,
ob ihre Gedanken noch bei uns sind?

Die Todesanzeige

Ich kannte die Verstorbene schon seit meiner Kindheit,
und ich glaube, ihr Leben hatte nicht sehr viel Licht.
Für manche Leute war sie bis zum Schluss eine Fremde,
die Frau eines Ausländers, der ihre Sprache nicht spricht.

Wenn wir uns auf der Straße gelegentlich trafen,
tauschten wir uns meist über ihre Befindlichkeit aus.
„Die Mutter", sagte sie, „ konnte jetzt endlich gehen."
Sie sei nun allein mit ihrem Mann in dem Haus.

Das letzte Mal dann, als sie noch lebte,
saß sie in der Sonne, mit ihrem Hund auf der Bank.
Ihr Mann, sagte sie, sei vor Kurzem gestorben.
Jetzt sei sie allein, doch gesund. Gott sei Dank!

In ihrer Todesanzeige zeigt sie ein Lächeln,
nie hatte sie früher dieses Leuchten im Blick.
Mir scheint, sie ist froh, sie wirkt so erleichtert,
als könnt´ sie´s nicht fassen, dieses plötzliche Glück.

Der Münchenbesuch

Der Kantnerbauer wachte mit einem Brummschädel auf, wie er ihn schon lange nicht mehr gehabt hatte. Das neumodische asiatische Zeug, das ihm seine künftige Schwiegertochter bei seinem ersten Besuch in München gekocht und das er mit Stäbchen tapfer in sich hinein jongliert hatte, sowie die reichlich genossene Mischung aus Weißbier und Sake, die er gebraucht hatte, um das Gespräch in Gang zu halten, waren Gift für seinen strapazierten Magen. „Sicher", so fluchte er vor sich hin, „habe ich wieder einen rechten Schmarren zusammengeredet in meinem Suff, und die Yoshiko wird sich denken: Was ist denn das für ein Depp, der Vater von meinem Bernie."

Noch mehr aber machte dem Kantner eine Erscheinung zu schaffen. Auf dem Technikverhau im Musikzimmer von seinem Buben glaubte er eine Rehkuh mit ihrem Kitz gesehen zu haben; so eine, wie sie bei seiner Ahnl auf dem Berg in der Vitrine gestanden hatte, und das Kitz hat mit dem Kopf zum Rhythmus der Musik gewackelt, die der Bub mit seiner Technik gemacht hat.

„Ich sollt´ einfach wegbleiben von der Stadt und vom Alkohol", meinte er, bevor sein Kopf wieder schwer auf das zusammengestopfte Kissen sackte. Den tiefen Röhrer, der danach folgte, hat man zwei Zimmer weiter noch gehört.

Lügt Ossenkamp?

Der Buchhalter Adalbert Ossenkamp war am Ende. Seine sonst so akkurat gekämmten und gegelten schwarzen Haare standen in alle Richtungen, und der Schnauzbart war struppig und ungepflegt. An den dunklen Ringen unter seinen Augen konnte man erkennen, dass er die erste Nacht in Untersuchungshaft schlaflos verbracht hatte.

„Sie müssen mir glauben, Herr Wachtmeister!" bettelte er, nachdem Anstaltsleiter Gellert die Zelle betreten hatte. „Ich wollte der Dame nicht zu nahe treten. Aber etwas an ihr war wie verhext. Es waren nicht ihre Augen oder ihre Art sich zu kleiden oder ihr sinnlicher Mund. Nein!", schrie Ossenkamp jetzt wie ein verwundetes Tier: „Es waren diese verdammten Schuhe, diese unglaublich aufreizenden, roten Schuhe, die das Animalische in mir weckten und Jahre der Vernunft jäh zu Fall brachten. *Ich bin das Opfer, nicht diese Frau!*"

Wachtmeister Gellert schüttelte nur den Kopf. „Ossenkamp, Ossenkamp, ich glaube Ihnen kein Wort. Hätte ich mit dem Glauben mein Geld verdienen wollen, wäre ich Pfarrer geworden." Dann drehte er sich um und schlug die Türe hinter sich zu.

Dass es der Dame schon wieder besser ging, wollte er erst mal für sich behalten.

Heilig Abend

Heilig Abend, da werden die Leute irgendwie stiller.
Das Licht scheint viel heller,
und die Zeit bleibt fast steh´n.
Die Gefühle sind wärmer, kommen von weiter innen.
Mancher kann mit dem Herzen auf einmal gar seh´n.
„Was wünschst Du Dir vom Christkind?",
fragt ein Kind seine Mutter.
Die streichelt es lieb und meint:
„Frieden wär´ schön."

Der Fremde

Die Kirche fasste die Menschen kaum, die gekommen waren, um ihrem Vater die letzte Ehre zu erweisen. Es müssen einige hundert gewesen sein, viele davon von außerhalb des Dorfes.

Anna kannte den Mann nicht, der neben ihr saß, aber es war etwas seltsam Vertrautes zwischen ihnen. Als er sah, dass sie weinte, legte er behutsam seine Hand auf die ihre. Wie von weit weg hörte sie ihn sagen:

„Es gab noch nie eine Nacht, der nicht ein Morgen folgte," und langsam wurde sie ruhig.

Wieviele Leben?

Die kleine Kirche zum Heiligen Georg im Münchenchener Stadtteil Bogenhausen und der dazugehörige Friedhof waren schon oft ein Ort der Zuflucht für mich, wenn ich so gar nicht zur Ruhe kommen wollte; so wie auch an diesem heißen Augusttag 2013.

Hier lagen viele der Frauen und Männer, die einmal, tot oder lebendig, „mein" München ausgemacht hatten. Wenn ich an den Gräbern von Liesl Karlstadt, Walter Sedlmayr, Erich Kästner oder Rainer Werner Fassbinder stand, kamen Bilder in mir hoch, die weh und gut taten zugleich.

Auch die erst später zugezogenen Toten, Bernd Eichinger oder Helmut Fischer, der „Monaco Franze", hatten ihren festen Platz in meiner Erinnerung.

Als ich nach dem Rundgang über den Friedhof auf der Bank an der Rückwand der kleinen Kirche Platz genommen hatte, ging mir wieder einmal mein ganzes Leben durch den Kopf.

Mir war bewusst, dass ich vieles falsch gemacht habe und dass ich lernen musste, damit zu leben. Aber vor allem musste ich sicherstellen, dass ich mein jetziges, mein neues Leben, nicht auch noch gefährde.

Obwohl ich die Kirche schon lange nicht mehr betreten hatte, versuchte ich zu beten, aber es wollte mir nicht gelingen. Ich hatte einfach keinen Bezug mehr zu den Bildern und den Figuren, die die Wände und den Altarraum zierten.

Es war das Licht, das durch die bunten Fenster fiel, sicher auch die Stille und die lebensbejahende Botschaft der Toten, die mich immer wieder geerdet haben.

„Wie viele Leben kann ich noch leben?", fragte ich in den leeren Raum hinein.

„So viele Tode Du bereit bist zu sterben", kam von irgendwo her die Antwort.

Ich wusste, dass ich in all den Jahren immer müder geworden bin und kraftloser und dass jedes Leben, das man hinter sich lässt, auch einen Teil von einem selber zurückbehält. Aber einen Tod musste ich noch sterben. Denn dieses eine, letzte Leben wollte ich mehr als jedes andere zuvor.

Als ich mich wieder auf den Weg machte, hatte ich das Gefühl, es schaffen zu können.

Vielleicht

Vielleicht, sagte sie zu ihm, vielleicht sollten wir es miteinander versuchen. Vielleicht ist es ja gut, wenn wir jetzt noch nicht alles wissen, was auf uns zukommt und vielleicht ist es am Ende vom Schicksal so gewollt.

Vielleicht aber wird uns morgen schon ein anderer Gedanke kommen, und vielleicht werden wir morgen denken, dass es besser gewesen wäre, noch zu warten.

Aber vielleicht sollten wir uns auch um der Zeit willen, die uns noch bleibt, heute und jetzt entscheiden.

Ich weiß es einfach nicht.

Vielleicht weiß ja dein Herz mehr als meines.

Maria

Ich saß Nächte lang auf dem alten Hocker und habe dieses Bild angestarrt. Die Aufnahme stammt von dem Tag, an dem das Unglück geschah.

Die Kapelle Stofel auf der Alpe Damüls im Hinteren Bregenzerwald steht im warmen Licht eines freundlichen Herbstnachmittags.

Es ist ein gedrungener, trotzig wirkender Quader aus weiß getünchtem, dickem Mauerwerk, dessen flaches Satteldach mit großen Steinplatten gedeckt ist. Zusammen mit einem riesig anmutenden Holzkreuz, das als Solitär neben der Kapelle auf der Wiese steht, hockt sie über der Landschaft und gibt den Blick auf ein Meer von Bergen frei.

Wir waren noch drin in der Kapelle, und Maria hat mir das Bild ihrer Namenspatronin, *Maria mit dem Kind*, gezeigt. Sie sagte, es hätte eine große Bedeutung für sie. Ihr sei immer, als würde es sie rufen, wenn sie an dieser Stelle vorbeikommt.

Wir fühlten mit bloßen Händen die Wärme der grob gearbeiteten Bretter der schmalen Holztüre. Danach haben wir uns auf die Bank vor der Kapelle gesetzt und das Gesicht in die Strahlen der schwächer werdenden Sonne gehalten.

Wären wir nur fünf Minuten früher wieder in das

100

Tal hinabgestiegen, hätten wir vermutlich gar nicht mitbekommen, dass Gefahr im Verzug ist. Die verrückt gewordenen Tiere wären einfach ins Leere gelaufen, an das andere Ende der Senke.

„Was, um alles in der Welt," frage ich mich immer und immer wieder, „was hat Maria nur bewogen, sich der rasenden Herde in den Weg zu stellen?"

Ein Traum

„Gerhard heißt er", hörte ich die alte Frau sagen, die vornübergebeugt und mit zusammengekniffenen Augen vor meinem Stammblatt stand, das am Fußende meines Bettgestells in der Plexiglashülle klemmte.

Offenbar hatte sie Mühe, die krakelige Schrift von Elisabeth, der diensthabenden Kinderärztin zu entziffern.

Die Alte war eine von drei ganz in Schwarz gekleideten Frauen, die vor wenigen Minuten mein Zimmer in der Gebärstation des Münchener Krankenhauses „Rechts der Isar" betreten hatten. Sie sahen aus wie Krähen.

"Der Bub ist am 1. Dezember 2015 um vier Uhr morgens auf die Welt gekommen", las sie weiter vom Blatt. „Er hat bei der Geburt zweiundachtzig Kilo gewogen und war einen Meter achtzig groß."

„Jesus Maria, die arme Mutter", entsetzte sich die Zweite im Bunde und bekreuzigte sich gleich mehrmals. „Die hätte bei dem Trumm ja glatt draufgehen können."

„Mein Gott, es ist ein Pensionist!", krächzte es unvermittelt von links oben, wo sich die dritte der Gestalten inzwischen über den Rand meines Bettchens gebeugt hatte und mir mit ihrer dicken Brille gefährlich nahe kam. Sie war völlig außer sich.

„Irgendwie ist das schon krass", meldete sich die Erste wieder zu Wort und starrte mich angewidert an. „Der hat ja schon graue Haare und rasiert ist er auch nicht."

Die Zweite stand jetzt wie versteinert da. Ihre Pupillen waren geweitet und ihr Mund stand offen. Das Gesicht war weiß wie Kreide.

„Ich habe von Anfang an geahnt, dass diese Schwangerschaft ein schlimmes Ende nehmen würde", sagte schließlich die Dritte, die die ganze Zeit über nicht von meiner Seite gewichen war. „Sie hätten das nicht tun dürfen. Dazu hatten sie kein Recht."

Dann verließen sie das Zimmer.

Meine Mutter, die zweiundzwanzig Jahre jünger war als ich, lag erschöpft, aber glücklich daneben.

Sie schlief tief und fest.

Als ich aus dem Traum erwachte, war ich schweißgebadet. Mühsam gelang es mir, mich in der Dunkelheit zu orientieren, und ich stand auf, um mir ein paar trockene Sachen anzuziehen.

„Nein, nichts", sagte ich zu Karin, die von meinem Herumgewusel aufgeschreckt war und mich gefragt hatte, ob etwas sei.

„Dann ist es ja gut", meinte sie und schlief selig wieder ein.

Die Ehrung

Der Tag, an dem mir der „Diamantene Bleistift" des Literaturkreises Bregenz-Vorkloster verliehen werden sollte, war Montag, der 2. Mai 2039, mein 90. Geburtstag. Diese Auszeichnung wurde bislang nur Wenigen zuteil; sicher einer der Gründe, warum diese Trophäe über die Grenzen Vorarlbergs hinaus gänzlich unbekannt war.

Für mich war das ein großer Abend, wurde doch damit meiner Laufbahn als Schriftsteller die Krone aufgesetzt.

Karin, mein mittlerweile auch schon fast siebzigjähriges Mädchen, war noch aufgeregter als ich und stand geschlagene zwei Stunden vor ihrem Kleiderschrank, ohne zu einem Ergebnis zu kommen. Ihr größtes Problem war immer, dass wir als stimmiges Ganzes empfunden werden, und da gab es Einiges zu bedenken.

Ich war dabei sicher nicht das Thema, hatte ich mich doch schon vor Jahren entschieden, nur noch anthrazitfarbene Anzüge zu tragen, weil die sich mit allem vertrugen, was sie ergänzte. Meine Schuhe waren schwarz und alle Krawatten hatten ein frisches Rot mit einem zarten, grünen Streifen. Die Hemden waren hellblau oder weiß, die Brille schwarz, mit schmalem Rand. Meine Socken korrespondierten mit der Krawatte.

Auf diese Weise hätte es für meine Frau eigentlich ein Leichtes sein müssen, sich in dieses Farbenspiel einzureihen, waren wir doch beide Wintertypen, wie sie aufgrund ihres Studiums der Farb- und Stilberatung einzuordnen wusste.

Sie, ein dunkler Winter, und ich ein heller. Dazu galt es allerdings, den beträchtlichen Altersunterschied optisch auszugleichen. Nachdem ich nur noch schwer verjüngt werden konnte, war es an Karin, sich flexibel zu zeigen und die Dinge so miteinander zu kombinieren, dass der Betrachter unseren Anblick genießen konnte.

Ich möchte das nicht ausbauen, aber muss doch anmerken, dass diese Diskussion im Vorfeld eines jeden gesellschaftlichen Auftritts einen gewissen Raum in unseren Gesprächen eingenommen hatte, und zwar immer kurz vor der Abfahrt. Trotzdem kamen wir auch dieses Mal, wie durch ein Wunder, rechtzeitig aus dem Haus.

Bei der Abarbeitung unserer gewohnten Checkliste beim Verlassen der Wohnung - „Brille? Schlüssel? Handy? Geld?" - fiel mir auf, dass ich beim Stichpunkt Geld schon wieder an meine Gesäßtasche fasste.

Eine sinnlose Bewegung, denn der Platz meiner Bankcard war schon längst entweder in der äußeren Brusttasche meiner Jacke oder in der meines Hemdes. Als die Europäische Zentralbank im Sommer 2026 das Bargeld abgeschafft hatte, haben Karin und ich das gemeinsam so festgelegt.

Vor der Haustüre stand schon der Fuhrparkleiter des Schwarzacher Seniorenbundes parat und verstaute uns in einer brandneuen D-Klasse von Austromobil, der Marke, die bereits vor geraumer Zeit den Volkswagenkonzern aufgekauft hatte, nachdem dieser durch Abgasmanipulation ins Gerede gekommen war.

Für mich war es zwar nicht das erste Mal, dass ich in einem selbstfahrenden Auto saß, aber Karin hatte darin mehr Routine. Souverän gab sie per Sprachkommando unser Ziel, das Erlebnis- und Kongresszentrum Schendlingen im Bregenzer Vorkloster, ein. Der Fuhrparkleiter machte einen Schritt zurück, legte seine rechte Hand an die Mütze und wünschte uns eine gute Fahrt.

Das Gerät glitt lautlos auf die Straße und nahm Fahrt Richtung Bregenz auf. Auf Höhe der ehemaligen Autobahneinfahrt Dornbirn-Nord querte gerade die hell erleuchtete Magnetschwebebahn des Verkehrsverbundes Rheintal in luftiger Höhe unseren Weg. Sie war gut besetzt.

Als wir unseren Bestimmungsort erreicht hatten, öffneten sich mit leisem Summen die Schiebetüren des Gefährts, und eine Computerstimme bedankte sich für die Inanspruchnahme dieses Dienstes und ermahnte uns, beim Aussteigen doch bitte auf den Verkehr zu achten. Mein Spazierstock wurde von einer automatischen Greifvorrichtung unmittelbar neben mir abgestellt, und wir gingen über den roten Teppich direkt in den Veranstaltungsraum, der taghell, mit neuester LED-Technik aus Nordkorea, ausgeleuchtet war. Nichts an diesem Protzbau erinnerte mehr an das alte Gasthaus Schendlingen, das mir in meiner Jugendzeit in Bregenz so sehr ans Herz gewachsen war.

Der große Konferenzsaal war bis auf den letzten Platz gefüllt.

Vorne saßen Politiker der Vorarlberger Einheitspartei (VEP), daneben die Anführer der großen esoterischen Gruppierungen, die schon vor Jahren die Katholische Kirche und die unterschiedlichen Zweige der Evangelischen Kirche in Glaubensfragen abgelöst hatten. Die Vorarlberger Nachrichten waren mit einem Aufnahmegerät vertreten, das von einem jungen Mädchen mit roten Haaren bedient wurde.

Manfred Flatz, den Altbürgermeister von Schwarzach, konnte ich unter den Gästen ebenso ausmachen wie seine reizende Frau Hildegard, die heute ganz in Blau gekleidet war. Kein Mensch hätte bei ihrem Anblick vermutet, dass sie die achtzig bereits überschritten hat.

Dahinter entdeckte ich meine Freunde aus der Handelsakademie, meine noch lebenden Verwandten aus Bregenz und Lauterach und ein paar alte Damen, die alle vorgaben, mit mir einmal in irgendeiner Form speziell gewesen zu sein. Sie hatten Fähnchen dabei.

Für Karin und mich standen in der Mitte der ersten Reihe zwei Sessel mit Massagefunktion bereit, die verhindern sollten, dass während der langen Strapaze ein Blutstau oder ein Krampf eintritt.

Die zahlreichen Rollatoren wurden von Saaldienern an den Sitzplätzen abgeholt und verstaut.

Eine Durchsage erinnerte daran, dass man nicht vergessen solle, nach der Veranstaltung die Mobiltelefone wieder anzuschalten. Diese abgedroschene Ansage kannte ich schon seit vierzig Jahren.

Ich winkte kurz in die Runde und setzte mich hin. Am Rednerpult hatte mittlerweile der Bürgermeister der Region Rheintal, Arif Aydin, Stellung bezogen und zupfte an seinem Kragen.

Er war als junger Mann aus Aleppo in Syrien nach Vorarlberg gekommen und hatte sich im Zuge der Integrationsbemühungen bei den Verhandlungen um den Bau der Schwarzacher Moschee einen Namen gemacht.

Sein Haar war dunkelblond, was ungewöhnlich war für einen Mann seiner Herkunft, und die Haartolle erinnerte mich an Donald Trump, den letzten weißen Präsidentschaftskandidaten der Republikaner vor mehr als zwanzig Jahren.

Die Frau des Bürgermeisters trug, dem Anlass entsprechend, eine elegante schwarze Burka, die nur ihre großen orientalischen Augen und ihre schlanke Silhouette sichtbar machte. Sie strahlte Würde aus.

Herrn Aydins Rede war kurz und prägnant, umfasste chronologisch meinen beruflichen Werdegang, und er fand noch Zeit für ein paar charmante Worte Richtung Karin, die dabei mädchenhaft errötete.

Nach ihm sprach ein Vertreter der Gruppe der Schamanen, der versucht hatte, eine Art Liveschaltung zu meinem im Jahre 2006 verstorbenen Vater herzustellen, was aber in der Kürze der Zeit nicht gelang.

Dann kam der Vertreter von Amazon zu Wort, der Firma, die erst vor Kurzem im Zuge ihres neuen Shopkonzepts „Books-To-Go" den örtlichen Buchhandel zur Gänze übernommen hatte, und zuletzt sprach Traugott Kleiner, der Vorsitzende des Literaturkreises, der diese Einrichtung kurz nach seiner Pensionierung gegründet hatte. Alle sprachen sie gut über mich und, Gott sei Dank, keiner über zehn Minuten.

Als ich unter Zuhilfenahme eines Saaldieners meinen Platz hinter dem Rednerpult eingenommen hatte, gab es Applaus, und ich war nervös wie ein Anfänger. Karin lächelte mir aufmunternd zu und Helmut, der Anführer der noch lebenden Schulkollegen aus der Handelsakademie, hob seinen gichtigen Daumen zum Zeichen des Ansporns.

„Meine sehr verehrten Damen und Herren" , hörte ich mich sagen, bevor ein ohrenzerreißendes Pfeifen darauf hindeutete, dass die Tontechnik am Abschmieren war. Ein Fachmann war schnell zur Stelle, um die

Fehlerursache zu orten und wurde auch fündig.

Eines meiner Hörgeräte hatte sich sendetechnisch mit dem Mikrofon verkeilt und das Pfeifen ausgelöst. Karin legte es per Fernbedienung auf eine andere Frequenz, und es war wieder still.

„Nun, da dieses Problem behoben ist", fuhr ich fort, „möchte ich mich zuerst bei Herrn Kleiner für die Einladung bedanken. Es ist mir eine große Ehre, hier sein zu dürfen und diesen Preis entgegennehmen zu können. Ich weiß Ihre Anerkennung zu schätzen."

Traugott Kleiner, der mittlerweile eingenickt war, schreckte kurz auf. Nachdem seine Frau ihm etwas ins Ohr geflüstert hatte, schaute er mich an und lächelte. Die Botschaft war angekommen.

Karin tippte mit dem Zeigefinger auf ihre Uhr, um mir anzudeuten, dass ich weiter machen soll.

„Tage wie dieser", fuhr ich fort, „sind vor allem Tage der Besinnung und des Dankes. Erlauben Sie mir bitte, jetzt alle jene zu würdigen, die mir auf meinem Weg hierher geholfen haben."

Ich zog eine Liste mit Namen aus meiner Brusttasche, die ich vorsichtshalber mit Großbuchstaben geschrieben hatte und legte sie vor mich auf das Rednerpult.

„Ganz am Anfang möchte ich mich bei Karin, meiner lieben Frau, bedanken, die immer an mich geglaubt und mein schriftstellerisches Talent mit viel Ausdauer und Geduld freigelegt hat. Sie war es auch, die mich daran hinderte, jedes meiner Bücher, kurz nach dem ersten Entwurf, wieder zu verbrennen und einen anderen Beruf zu ergreifen.

Sie war meine Muse, meine Lektorin und meine Versorgungsstation. Millionen von Teeblättern könnten heute noch leben, hätte sie ihnen nicht ihre Wirkstoffe entzogen, um meinen Tee zuzubereiten.

Sie sorgte dafür, dass ich nachts wieder ins Bett fand, wenn ich mich an meinem PC festgebissen hatte und hielt mich an, trotz literarischer Ergüsse, meinen Frühsport zu betreiben.

Dafür danke ich ihr von Herzen.

Ich entschuldige mich bei und danke all jenen, die ich gezwungen habe, mir zuzuhören und meine Lesungen zu ertragen. Ihr Feedback war für mich reine Energie, und ich weiß, dass sie dabei gelegentlich gelogen haben.

Ich bin sehr froh, dass keiner von ihnen einen bleibenden Schaden davongetragen hat.

Ich danke meinen Freunden aus der Handelsakademie, die mir immer offen Einblick in ihr Wissen um das Leben gewährt haben und sich in ihrem Mitteilungsdrang nie haben beirren lassen.

Vor allem aber danke ich denen unter ihnen, deren Feedback mir den Einstieg in meine neue Profession erleichtert hat. Von Menschen getragen zu werden, mit denen man eine wichtige Zeit im Leben geteilt hat, ist ein ganz besonderer Antrieb. Sie alle haben mir mehr den Rücken gestärkt, als sie sich das selber vorstellen können.

Mein ganz besonderer Dank geht heute auch an meine Lehrer, allesamt großartige Schriftsteller, die mir vor mehr als fünfundzwanzig Jahren die Grundzüge meines neuen Berufs beigebracht haben. Ich denke dabei an James N. Frey, Elizabeth George, Dorthea Brande, Isa Schikorsky, William Strunk jr., E.B.White und an Stephen King, einen wahren König der Erzählkunst.

Natürlich darf ich auch Gabriele L. Rico nicht vergessen, die Erfinderin des Clusterings, einer Technik zum Sortieren der oft unstrukturiert herumschwirrenden Gedankenfetzen.

Ich habe keinen von ihnen persönlich kennengelernt, und vermutlich wissen sie gar nicht, dass ich existiere. Trotzdem haben sie mir mit ihren Büchern über die Geheimnisse und das Handwerk des Schreibens ein weiteres, ganz neues Leben ermöglicht. Sie haben mich bei der Arbeit über ihre Schulter schauen lassen und mich mit Anregungen versorgt, die unbezahlbar sind.

Zu guter Letzt danke ich meinem Schicksal, das eine ganze Legion Schutzengel für mich abgestellt haben muss, ohne die ich schon vor Jahrzehnten von der Straße gefallen wäre.

Ich weiß, dass ich ein Glückspilz bin und dass dafür

auch etwas von mir erwartet wird. Und was immer in meiner Macht steht: ich werde es tun.

Ich bin überzeugt davon, dass jede Form von Kunst, so auch das Schreiben, von irgendwo weiter oben kommt und dass die, die ausersehen sind, diese Kunst zu schöpfen, nicht mehr und nicht weniger sind als privilegierte Erfüllungsgehilfen einer höheren Ordnung."

Nach einer kurzen Pause bedankte ich mich bei meinen Gästen für die Ehre, die sie mir erwiesen haben und für ihr geduldiges Zuhören. Dann wünschte ich allen einen schönen Abend.

Der Applaus kam langsam in die Gänge, steigerte sich aber kurz darauf ganz ordentlich. Zwei der Damen mit den Fähnchen standen auf und schwangen dieselben. Von hinten waren Pfiffe zu hören. Karin nickte anerkennend und klatschte mit hoch erhobenen Händen.

Als Traugott Kleiner im Anschluss auf die Bühne trat, um mir meine Trophäe zu überreichen, hatte ich mich heiß geredet und schwitzte.

Der Saaldiener kam wieder, nahm mir das Ding ab und führte mich behutsam an meinen Platz.

Entspannt und zufrieden lehnte ich mich zurück. Ich hatte das Gefühl, mich tapfer geschlagen zu haben. Jetzt wollte ich erst mal die Damen sortieren, die angeblich einst mit mir liiert gewesen sein sollen.

Auf den ersten Blick wirkten sie alle sympathisch.

Liebe Leserin, lieber Leser,

ich glaube, es wird langsam Zeit, Ihr Bad wieder zu verlassen. Das Wasser hält nicht ewig warm und irgendwann müssen Sie sich der Welt auch wieder zeigen, so frisch und neu wie Sie jetzt sind.

Wenn Sie später, im Alltag, wieder Sehnsucht nach mehr Licht bekommen, wird diese Wanne hier immer auf Sie warten.

Voll mit Wärme, Lachen und Zuversicht.

Gerhard Burtscher,
ein gebürtiger Österreicher, hat über dreißig Jahre in München gelebt und gearbeitet.

Auf dem Höhepunkt einer Bilderbuchkarriere als Manager deutscher und amerikanischer IT-Unternehmen zwingt ihn eine Lebenskrise, eine Alternative zu seinem „Leben im Laufrad" zu suchen. Es ist ein Weckruf, der alle bisherigen Werte in Frage und sein Leben auf den Kopf stellt.

2004 zieht er die Reißleine und gründet eine Marketingagentur, die sich auf inhabergeführte Firmen fokussiert und stellt die Menschen in diesen Unternehmen und deren Kunden in den Mittelpunkt seiner Kampagnen. „Weil sie es sind, die den Unterschied machen", wie er sagt.

Wenige Jahre nach seiner Rückkehr in die alte Heimat liefert er mit dem Buch „Zälfabüabli - Eine Kindheit in Tschagguns" sein Erstlingswerk als Autor. Seit 2015 gehört seine berufliche Leidenschaft ausschließlich dem Schreiben.

„Zälfabüabli - Eine Kindheit in Tschagguns"

Kindheit als Sehnsuchtsort, als Maßstab für richtig und falsch, als fester Punkt, nach dem man manchmal Heimweh hat, wenn einen die Unwägbarkeiten des Lebens einmal an die Grenze führen.

Gerhard Burtscher schreibt mit diesem Buch eine Liebeserklärung an seinen Heimatort Tschagguns und seine Nachbarn von damals. Die beeindruckenden Bilder und die Geschichten, die er erzählt, haben all die Jahre im Ausland überdauert und sind frisch wie eben erlebt.

Es ist eine gefühlvolle und kurzweilige Lektüre, die den Leser/die Leserin behutsam mit der eigenen Kindheit in Berührung bringt und längst verloren geglaubte Erinnerungen wieder wach ruft.

2014, Hardcover, 96 S., Farbdruck, reich illustriert.
ISBN 978-3-200-03668-0
www.gerhard-burtscher.at